CONGREGAÇÃO PARA OS INSTITUTOS
DE VIDA CONSAGRADA E AS SOCIEDADES
DE VIDA APOSTÓLICA

ECONOMIA A SERVIÇO DO CARISMA E DA MISSÃO

BONS ADMINISTRADORES DA MULTIFORME
GRAÇA DE DEUS
(1Pd 4,10)

© 2018 – Libreria Editrice Vaticana

Título original: *Economia a servizio del carisma e della missione*
Boni dispensatores multiformis gratiae Dei (1Pd 4,10)

Direção-geral: *Flávia Reginatto*
Editora responsável: *Maria Goretti de Oliveira*
Tradução: *D. Hugo C. da S. Cavalcante, osb*
Pe. Valdir M. dos Santos Filhos, scj

1ª edição – 2018
1ª reimpressão – 2019

Nenhuma parte desta obra poderá ser reproduzida ou transmitida por qualquer forma e/ou quaisquer meios (eletrônico ou mecânico, incluindo fotocópia e gravação) ou arquivada em qualquer sistema ou banco de dados sem permissão escrita da Editora. Direitos reservados.

Paulinas

Rua Dona Inácia Uchoa, 62
04110-020 – São Paulo – SP (Brasil)
Tel.: (11) 2125-3500
http://www.paulinas.com.br – editora@paulinas.com.br
Telemarketing e SAC: 0800-7010081

© Pia Sociedade Filhas de São Paulo – São Paulo, 2018

SUMÁRIO

Siglas 5
Introdução 7
I. Memória vivente do Cristo pobre 13
II. O olhar de Deus: carisma e missão 35
III. Dimensão econômica e missão 49
IV. Indicações práticas 67
Conclusão 107

SIGLAS

CIC *Codex Iuris Canonici* – Código de Direito Canônico
CV *Caritas in Veritate*, Carta Encíclica sobre o desenvolvimento humano integral na caridade e na verdade, Bento XVI
EG *Evangelii Gaudium*, Exortação Apostólica sobre o anúncio do Evangelho no mundo atual, Papa Francisco
ET *Evangelica Testificatio*, Exortação Apostólica sobre a renovação da vida religiosa, segundo os ensinamentos do Concílio, Paulo VI
GS *Gaudium et Spes*, Constituição Pastoral sobre a Igreja no mundo atual, Concílio Vaticano II
LF *Lumen Fidei*, Carta Encíclica sobre a fé, Papa Francisco
LG *Lumen Gentium*, Constituição Dogmática sobre a Igreja, Concílio Vaticano II
LS *Laudato Si'*, Carta Encíclica sobre o cuidado da Casa Comum, Papa Francisco
PB *Pastor Bonus*, Constituição Apostólica sobre a Cúria Romana, João Paulo II
PP *Populorum Progressio*, Carta Encíclica sobre o desenvolvimento dos povos, Paulo VI
RD *Redemptionis Donum*, Exortação Apostólica sobre a consagração dos religiosos e das religiosas à luz do mistério da redenção, João Paulo II
SS *Spe Salvi*, Carta Encíclica sobre a esperança cristã, Bento XVI
VC *Vita Consecrata*, Exortação Apostólica pós-sinodal sobre a vida consagrada e a sua missão na Igreja e no mundo, João Paulo II

Bons administradores
da multiforme graça de Deus.
(1Pd 4,10)

INTRODUÇÃO

1. "Como bons administradores da multiforme graça de Deus, cada um coloque à disposição dos outros o dom que recebeu" (1Pd 4,10).

A Primeira Carta de São Pedro faz referência às adversidades que as comunidades cristãs da diáspora sofriam por volta do final do século I: um momento de especial provação para a Igreja, que recebe um escrito de alto valor teológico. O texto se dirige aos cristãos provenientes do paganismo, aos "eleitos que vivem como migrantes dispersos no mundo – no Ponto, na Galácia, na Capadócia, na província da Ásia e na Bitínia" (1,1). Pedro pretende encorajar "para atestar que a verdadeira graça de Deus é esta: nela permanecei firmes" (5,12), exorta à firmeza, à perseverança paciente (1,13; 4,19; 5,7-18) diante das provações e das dificuldades.

O Capítulo 4, especialmente, se articula em três quadros. O primeiro revela o paralelo entre o sofrimento que Cristo padeceu na própria carne e os sentimentos que devem animar os cristãos (v. 1-2); o segundo traz a conotação "diversa" dos cristãos no contexto social em que vivem (v. 3-6); o último quadro parte da prospectiva escatológica e dirige a atenção sobre a dinâmica de comunhão na vida dos cristãos com precisas e preciosas indicações (v. 7-11).

O v. 10: "Como bons administradores da multiforme graça de Deus, cada um coloque à disposição dos outros o dom que recebeu", delineia os traços de quem, tendo seguido a Cristo e o seu Evangelho, é preenchido pela graça, ou seja, uma chuva de dons que se derramam na vida de todo fiel. O convite de Pedro, na verdade, é o de viver o próprio dom (*chárisma*) como servidores (*diakonía*), tornando-se administradores (*oíkonómoi*) da graça (4,10).

Os dons recebidos de Deus são chamados carismas, do grego *charis*, que deriva do verbo *charizomai*, que significa: doar, ser magnânimo, generoso, doar com gratuidade.

O termo *chárisma* no Novo Testamento é usado somente em referência aos dons que provêm de Deus. Cada um dos carismas não é um dom concedido a todos, mas sim um dom particular que o Espírito distribui "conforme quer" (1Cor 12,11).[1]

O cristão, portanto, é chamado a se tornar ecônomo, administrador da multiforme graça que se exprime também mediante os carismas, e é chamado a colocá-la em circulação para benefício de todos. Cada dom é um abundar-se do desmedido patrimônio de graça da parte de Deus, cada membro da comunidade, então, rico de tal dom, é membro ativo e corresponsável da vida comunitária, sabendo que aquilo que tem à disposição não é seu, mas é um dom para cuidar, para fazer frutificar com um único objetivo: o bem comum – "somente juntos é possível alcançá-lo, aumentá-lo

---

[1] CONGREGAÇÃO PARA A DOUTRINA DA FÉ. Carta *Iuvenescit Ecclesia*, sobre a relação entre dons hierárquicos e carismáticos para a vida e a missão da Igreja. Brasília: Edições CNBB, 2016, n. 4. (Documentos da Igreja 30.)

e conservá-lo, também em vista do futuro".[2] Bem comum que põe em rede uma multiplicidade de dons, a serviço uns dos outros, através do qual se move o projeto salvífico de Deus em benefício de cada homem e de cada mulher.

2. No projeto salvífico de Deus, a Igreja é "como o administrador fiel e prudente (que) tem a função de cuidar atentamente daquilo que lhe foi confiado". Na verdade, "sente a responsabilidade de tutelar e gerir atentamente os próprios bens, à luz da sua missão de evangelização e com particular solicitude pelos necessitados".[3]

O atual momento histórico chama a vida consagrada para avaliar-se ante uma difundida queda das vocações e uma contínua crise econômica. Tal situação solicita a "assumir com realismo, confiança e esperança as novas responsabilidades a que nos chama o cenário de um mundo que tem necessidade duma renovação cultural profunda e da redescoberta de valores fundamentais para construir sobre eles um futuro melhor. A crise obriga-nos a projetar de novo o nosso caminho, a impor-nos regras novas e encontrar novas formas de empenho, a apostar em experiências positivas e rejeitar as negativas. Assim, a crise torna-se *ocasião de discernimento e elaboração de nova planificação*. Com esta chave, feita mais de confiança

---

[2] PONTIFÍCIO CONSELHO JUSTIÇA E PAZ. *Compêndio da Doutrina Social da Igreja*, § 164.

[3] FRANCISCO. Carta apostólica em forma de *motu proprio Fidelis Dispensatur et Prudens*, para a constituição de uma nova estrutura de coordenação dos assuntos econômicos e administrativos da Santa Sé e do Estado da Cidade do Vaticano, 24 de fevereiro de 2014, *incipit*.

que de resignação, convém enfrentar as dificuldades da hora atual".[4]

Nesta prospectiva, os Institutos de vida consagrada e as Sociedades de vida apostólica são chamados a ser *bons administradores* dos carismas recebidos do Espírito também por meio da gestão e da administração dos bens.

3. Nos últimos anos, não poucos Institutos de vida consagrada e Sociedades de vida apostólica enfrentam problemas de natureza econômica. Poderemos dizer que, à crescente diminuição das forças, correspondeu um aumento das dificuldades. Uma preparação insuficiente e um frágil projeto estão habitualmente na origem de escolhas econômicas que não somente colocaram em perigo os bens, mas a sobrevivência mesma dos Institutos. A Congregação para os Institutos de Vida Consagrada e as Sociedades de Vida Apostólica, percebendo a situação, solicitou aos Institutos e às Sociedades assumirem uma maior consciência acerca da relevância da matéria econômica, fornecendo critérios e indicações práticas para a gestão dos bens.

Em tal contexto, foram inseridos os dois Simpósios internacionais sobre a gestão dos bens. O primeiro com o tema "A gestão dos bens dos Institutos de vida consagrada e das Sociedades de vida apostólica a serviço do *humanum* e da missão na Igreja",[5] celebrado em março de 2014, após

---

[4] BENTO XVI. Carta encíclica *Caritas in Veritate* (CV). Brasília: Edições CNBB, 2009, n. 21. (Documentos Pontifícios 3.)
[5] CONGREGAÇÃO PARA OS INSTITUTOS DE VIDA CONSAGRADA E AS SOCIEDADES DE VIDA APOSTÓLICA. *A gestão dos bens dos Institutos de vida consagrada e das Sociedades de vida apostólica a serviço*

o qual foram elaboradas as "Linhas orientadoras para a gestão dos bens nos *Institutos de vida consagrada e nas Sociedades de vida apostólica*",[6] publicadas em 2 de agosto de 2014. As linhas orientadoras e os princípios para a gestão dos bens foram oferecidos "como uma ajuda para que os Institutos respondam com renovada audácia e profecia os desafios do nosso tempo, para continuar a ser sinal profético do amor de Deus".[7]

No período posterior, a atenção do Dicastério se dirigiu também para o significado das obras. Se o I Simpósio se caracterizou pela reflexão sobre a capacidade de dar conta e pelo dever de tutelar os bens, de vigilância e de controle por parte dos superiores, o II Simpósio, celebrado em novembro de 2016, deteve-se sobre a significação carismática: "Na fidelidade ao carisma repensar a economia".

4. Na esteira do rico Magistério do Papa Francisco, o atual documento – em continuidade com o texto das "Linhas orientadoras..." – se propõe a:

– prosseguir um caminho de reflexão eclesial sobre os bens e a sua gestão, utilizando-se também das contribuições pedidas aos superiores dos Institutos de vida consagrada

---

do humanum e da missão da Igreja. Atos do Simpósio Internacional (Roma, 8-9 de março de 2014). LEV, Cidade do Vaticano, 2014.

[6] CONGREGAÇÃO PARA OS INSTITUTOS DE VIDA CONSAGRADA E AS SOCIEDADES DE VIDA APOSTÓLICA. Carta circular *Linhas orientadoras para a gestão dos bens nos Institutos de Vida Consagrada e nas Sociedades de Vida Apostólica*, Roma (2 de agosto de 2014).

[7] Ibidem, n. 6.

e das Sociedades de vida apostólica que chegaram ao Dicastério;⁸

– recordar e explicitar alguns aspectos da normativa canônica sobre os bens temporais, com especial referência à práxis da Congregação para os Institutos de Vida Consagrada e as Sociedades de Vida Apostólica;

– sugerir alguns instrumentos de planejamento e programação inerentes à gestão das obras;

– solicitar aos Institutos de vida consagrada e Sociedades de vida apostólica, em todos os níveis, dos superiores aos membros, a repensarem a economia na fidelidade ao carisma, para serem "ainda hoje, para a Igreja e para o mundo, os postos avançados da atenção a todos os pobres e as formas de miséria material, moral e espiritual, como superação de qualquer egoísmo na lógica do Evangelho, que ensina a confiar na Providência de Deus".⁹

---

[8] Idem.
[9] FRANCISCO. *Mensagem aos participantes do Simpósio Internacional sobre o tema: "A gestão dos bens eclesiásticos dos Institutos de vida consagrada e das Sociedades de vida apostólica a serviço do* humanum *e da missão da Igreja"*, Roma (8 de março de 2014).

I. MEMÓRIA VIVENTE DO CRISTO POBRE

A pobreza de Cristo, novidade do Evangelho

5. Viver a novidade do Evangelho, "viver de tal forma que espelhemos a pobreza de Cristo, cuja vida estava inteiramente focalizada em fazer a vontade do Pai e servir os outros".[1]

O Papa Francisco não perde ocasião de trazer-nos continuamente ao centro da *sequela Christi*: "O desejo explícito de total conformação a ele",[2] a sua vida, à sua *kénosi*. O mistério da Encarnação é mistério de pobreza: "de rico que era, tornou-se pobre por causa de vós" (2Cor 8,9). Na cruz "a sua pobreza chegará ao despojamento total",[3] experimenta profundamente o mistério da *kénosi*, como o "Servo sofredor", anunciado por Isaías.

6. "A pobreza de Cristo esconde em si essa riqueza infinita de Deus; [ele] não é apenas o Mestre, mas é também o porta-voz e o garante daquela pobreza salvífica, que corresponde à infinita riqueza de Deus e ao poder inesgotável

---

[1] FRANCISCO. *Homilia durante a missa com bispos, sacerdotes, religiosos e religiosas*, por ocasião da viagem apostólica no Sri Lanka e Filipinas, Manila (16 de janeiro de 2015).
[2] JOÃO PAULO II. Exortação Apostólica *Vita Consecrata* (VC), n. 18.
[3] Ibidem, n. 23; cf. Fl 2,5-11.

da sua graça."[4] A *kénosi* se põe, por isso, como critério fundamental para a vida de cada batizado e, com maior razão, de cada pessoa consagrada. A pobreza "Vivida segundo o exemplo de Cristo *que, sendo rico, se fez pobre* (2Cor 8,9), torna-se expressão *do dom total de si* que as três Pessoas divinas reciprocamente se fazem. É dom que transborda para a criação e se manifesta plenamente na Encarnação do Verbo e na sua morte redentora".[5]

Jesus na sinagoga de Nazaré, o início do seu ministério, proclamou que o Evangelho é anunciado aos pobres (Lc 4,18; Is 61,1). Quem quer segui-lo é, portanto, chamado a abandonar os bens, a casa, a família, a iniciar o seu caminho com um despojamento (Lc 14,33; 18,22). O Mestre pede, antes de tudo, para acolher e, portanto, para viver o "primado do Reino", ao qual nada pode ser preferido ou anteposto. Por isso os pobres no espírito são chamados de bem-aventurados (Mt 5,3), sendo eles os primeiros destinatários do Reino, isto é, aqueles que estão em condição de esperá-lo, desejá-lo e acolhê-lo.

7. Pobreza bem-aventurada é aquela que torna a pessoa interiormente livre e lhe permite viver na fé e na caridade, aquela caridade que tem os olhos abertos para as necessidades dos outros e o coração misericordioso para socorrê-los. A pobreza bem-aventurada é animada pelo amor que antepõe os outros a si mesmo, e repõe a sua confiança em

---

[4] JOÃO PAULO II. Exortação Apostólica *Redemptionis Donum* (RD), n. 12.
[5] VC, n. 21.

Deus, que provê cada dia as suas criaturas, como aos lírios dos campos e aos pássaros do céu (Mt 6,34-35).

Pobreza bem-aventurada é aquela aconselhada por Jesus ao jovem que "foi embora cheio de tristeza, pois possuía muitos bens" (Mc 10,22) e quer conservá-los para si. O Mestre lhe tinha sugerido vender tudo para educá-lo à liberdade interior e à misericórdia autêntica e generosa. A pobreza educa à caridade, e com isto introduz na contemplação do Mistério de Deus.

8. Um testemunho de vida consagrada assume *estilos de vida pobre*. O Papa Francisco, na Carta Encíclica *Laudato Si'*, sobre o cuidado da casa comum, tece o elogio da sobriedade: "A espiritualidade cristã propõe um crescimento na sobriedade e uma capacidade de se alegrar com pouco. É um regresso à simplicidade que nos permite parar para saborear as pequenas coisas, agradecer as possibilidades que a vida oferece, sem nos apegarmos ao que temos nem nos entristecermos por aquilo que não possuímos".[6] As pessoas consagradas com a sua escolha de pobreza, professada com voto ou outro vínculo sagrado, segundo o seu específico carisma, são testemunhas viventes e credíveis de que "A sobriedade, vivida livre e conscientemente, é libertadora. Não se trata de menos vida, nem de vida de baixa intensidade; é precisamente o contrário".[7]

---

[6] FRANCISCO. Carta Encíclica *Laudato Si'* (LS). Brasília: Edições CNBB, 2015, n. 222. (Documentos Pontifícios, n. 22.)
[7] Ibidem, n. 223.

A pobreza dos consagrados mira o "testemunhar Deus como verdadeira riqueza do coração humano",[8] a confessar que com Cristo se possuem *bens melhores e mais duradouros* (Hb 10,34): a fé nele doa à vida "uma nova base, um novo fundamento, sobre o qual o homem se pode apoiar".[9]

Com a sua pobreza, os consagrados testemunham uma qualidade de vida verdadeiramente humana que relativiza os bens, indicando Deus como o bem absoluto.[10] A simplicidade, a sobriedade e a austeridade de vida das pessoas consagradas conferem-lhes uma completa liberdade em Deus.[11]

Dirigir-se "à carne de Cristo"

9. "O homem, e especialmente os pobres, são exatamente o caminho da Igreja, porque foi o caminho de Jesus Cristo."[12] Os pobres foram sempre o centro da atenção de Jesus, que buscou dar-lhes dignidade, vida, possibilidade de viver em plenitude a sua humanidade. O Papa Francisco, na esteira do Magistério, o recorda continuamente. "Desejo uma Igreja pobre para os pobres":[13] estas palavras, pronun-

---

[8] VC, n. 90.
[9] BENTO XVI. Carta Encíclica *Spe Salvi* (SS). Brasília: Edições CNBB, 2007, n. 8.
[10] VC, n. 89. (Documentos Pontifícios, n. 2.)
[11] FRANCISCO. *Discurso aos participantes das jornadas dedicadas aos representantes pontifícios*, Roma (16 de março de 2013).
[12] BERGOGLIO, J. M. *Solo l'amore ci può salvare*. LEV, Cidade do Vaticano, 2013, p. 113.
[13] FRANCISCO. *Discurso aos participantes das jornadas dedicadas aos representantes pontifícios*, Roma (16 de março de 2013); FRANCISCO. Exortação

ciadas logo após sua eleição, podem ser consideradas uma das chaves do seu pontificado. "Para a Igreja, a opção pelos pobres é mais uma categoria teológica antes que cultural, sociológica, política ou filosófica. Deus 'manifesta a sua misericórdia antes de mais nada a eles'. Esta preferência divina tem consequências na vida de fé de todos os cristãos, chamados a possuírem 'o mesmo sentir e pensar que no Cristo Jesus' (Fl 2,5)."[14]

10. Esta exigência de atenção às necessidades dos pobres, nos passos do Mestre, encarnou-se na primeira comunidade dos discípulos. Nos Atos dos Apóstolos (At 2,42-47; 4,32-37), a Igreja de Jerusalém é apresentada como uma assembleia na qual a caridade e a partilha dos bens, distribuídos "conforme a necessidade de cada um" (At 4,35), faz com que "entre eles ninguém passava necessidade" (At 4,34). Entre as perseveranças desta comunidade, além da assiduidade no ensinamento dos apóstolos, na fração do pão e nas orações, existe a da *koinonia* (At 2,42), no possuir "tudo em comum" (At 2,44; 4,32) e no partilhar os bens "conforme a necessidade de cada um" (At 2,45).

Também a grande coleta, organizada por Paulo nas Igrejas por ele fundadas em favor da Igreja mãe de Jerusalém (1Cor 16,1-4; Rm 15,25-28; 2Cor 8–9), é um gesto de solidariedade que dilata o horizonte da comunhão eclesial.

Apostólica *Evangelii Gaudium* (EG). Brasília: Edições CNBB, 2013, n. 198. (Documentos Pontifícios 17.)

[14] EG, n. 198.

Estes textos constituem um paradigma de inspiração do ser e do agir das comunidades dos discípulos de cada tempo e em cada lugar. Os cristãos perceberam e percebem a responsabilidade de encontrar formas aptas a traduzir na prática as exigências da *koinonia*. As pessoas consagradas, encarnando na história a pobreza de Cristo e inspirando-se na vida das primeiras comunidades, são chamadas a fazer própria a urgência da *koinonia*. É a escolha de seguir Cristo pobre que leva à escolha pelos pobres.

11. "Uma Igreja pobre para os pobres começa pelo dirigir-se à carne de Cristo."[15] A contemplação do rosto do Pai revelado em Cristo, a concretude do seu amor manifestado na Encarnação do Filho (Fl 2,7), levam a descobri-lo em todos os pobres e excluídos. Aos pobres não se dão apenas as coisas, é necessário partilhar com eles, ou melhor ainda, restituir quanto a eles pertence. Os consagrados e as consagradas, que fizeram a experiência do amor gratuito do Pai, são chamados a fazer sua a espiritualidade da restituição, para restituir livremente quanto lhes foi doado pelo serviço dos irmãos: a vida, os dons, o tempo, os bens de que se servem. É preciso realizar "um verdadeiro *encontro* com os pobres e dar lugar a uma *partilha* que se torne estilo de vida",[16] viver *sine proprio* – no exemplo de Francisco de Assis – se torna assim o mais alto grau da pobreza evangélica.

---

[15] FRANCISCO. *Palavras na ocasião da vigília de Pentecostes com os movimentos, as novas comunidades, as associações e as agregações eclesiais.* Roma (18 de maio de 2013).

[16] FRANCISCO. *Discurso aos estudantes das escolas dirigidas pelos jesuítas na Itália e na Albânia*, Roma (7 de junho de 2013).

As pessoas consagradas são chamadas não somente à pobreza pessoal – "a pobreza hoje é um grito. Todos nós devemos pensar se podemos tornar-nos um pouco mais pobres" –, mas também a uma pobreza comunitária: não somente os membros devem desapegar-se dos bens, mas também as instituições: "Os conventos vazios não são vossos, são para a carne de Cristo".[17] A comunidade religiosa deve, portanto, fazer-se solidária na pobreza, porque "qualquer comunidade da Igreja, na medida em que pretender subsistir tranquila sem se ocupar criativamente nem cooperar de forma eficaz para que os pobres vivam com dignidade e haja a inclusão de todos, correrá também o risco da sua dissolução".[18]

A comunidade é chamada a exercitar o discernimento não tanto para identificar as categorias de pobres, mas para fazer-se próxima deles, quem quer que seja e onde se encontre, para conhecer a pobreza capaz de enriquecê-la na largura, comprimento, altura e profundidade do amor de Cristo (Ef 3,18-19).

Economia do rosto humano

12. O homem e o seu verdadeiro bem devem ter uma primazia também na atividade econômica, assim como, mais amplamente, na organização social e na vida política. Isso já era recordado pela Constituição Apostólica *Gaudium*

---

[17] FRANCISCO. *Discurso por ocasião da visita ao Centro "Astalli" para o serviço dos refugiados*, Roma (10 de setembro de 2013).
[18] EG, n. 207.

et Spes: "o homem é o protagonista, o centro e o fim de toda a vida econômico-social",[19] e reafirmava Bento XVI: "o primeiro capital a preservar e valorizar é o homem, a pessoa, na sua integridade".[20] A dimensão econômica, portanto, está intimamente conexa com a pessoa e a missão. Através da economia passam as escolhas relevantes para a vida pessoal e coletiva, nas quais deve transparecer o testemunho evangélico, atento às necessidades dos irmãos e das irmãs.

Os consagrados e as consagradas escolhem a profecia e se subtraem à "ditadura de uma economia sem rosto e sem um objetivo verdadeiramente humano".[21] A sua pobreza recorda a todos a urgência de libertar-se da economia da exclusão e da iniquidade, porque esta economia mata.[22] Ela, de fato, leva a considerar o ser humano, "em si mesmo, como um bem de consumo que se pode usar e depois jogar fora. Assim teve início a cultura do 'descartável', que aliás chega a ser promovida (...) Os excluídos não são 'explorados', mas resíduos, 'sobras'".[23]

A credibilidade evangélica dos consagrados está ligada também ao modo como são administrados os bens. Não se pode ceder à tentação de buscar a eficiência técnica e

---

[19] CONCÍLIO ECUMÊNICO VATICANO II. Constituição Pastoral *Gaudium et Spes* (GS), n. 63.
[20] BENTO XVI. Carta Encíclica *Caritas in Veritate* (CV). Brasília: Edições CNBB, 2009, n. 25. (Documentos Pontifícios 3.)
[21] EG, n. 55.
[22] Ibidem, n. 53s.
[23] Ibidem, n. 53.

organizativa dos recursos materiais e das obras, mais que a eficácia da ação sobre o plano evangélico. Nesta ótica, os superiores maiores devem estar conscientes de que nem todas as técnicas de administração correspondem aos princípios evangélicos e estão de acordo com o ensino social da Igreja.[24] "A economia e a sua gestão nunca são ética e antropologicamente neutras. Ou concorrem para construir relações de justiça e de solidariedade, ou geram situações de exclusão e até de rejeição".[25]

13. Esta atenção para pôr no centro a pessoa, com todas as suas características e peculiaridades, recorda a superação contínua de uma mentalidade funcionalista também dentro das comunidades. Especialmente com o cuidado atento e a valorização de todos os membros, particularmente os mais idosos. Trata-se concretamente de integrar na dinâmica comunitária os nossos idosos e idosas, fazendo apelo aos seus recursos de testemunho e de oração, valorizando a sua experiência e sabedoria e envolvendo-os, também nesta fase, nas formas de serviço de que são ainda capazes. Integração que se torna um sinal de contradição em uma sociedade em que também os idosos correm o risco de ser postos à parte como descartáveis. Sabemos bem como esta

---

[24] CONGREGAÇÃO PARA OS INSTITUTOS DE VIDA CONSAGRADA E AS SOCIEDADES DE VIDA APOSTÓLICA. Carta circular *Linhas orientadoras para a gestão dos bens nos Institutos de vida consagrada e nas Sociedades de vida apostólica*, Roma (2 de agosto de 2014).

[25] FRANCISCO. *Mensagem aos participantes no Segundo Simpósio Internacional sobre o tema*: *"Na fidelidade ao carisma repensar a economia dos Institutos de vida consagrada e das Sociedades de vida apostólica"*, Roma (25 de novembro de 2016).

dinâmica de acolhida e valorização está sempre presente nas nossas fraternidades: os Institutos se empenham ativamente, com o fim de garantir – com notável investimento de energias e de bens – às irmãs e aos irmãos idosos e doentes uma assistência digna.

Do mesmo modo, os consagrados e as consagradas idosos são chamados a acolher com abertura e confiança as propostas dos irmãos e das irmãs mais jovens, de modo que em cada comunidade possa realizar-se a profecia de Joel: os vossos anciãos sonharão, os vossos jovens terão visões (3,1), sem jamais ceder *à tentação da sobrevivência*.[26]

A economia é instrumento da ação missionária da Igreja

14. Pensar a economia significa estar inseridos no processo de humanização que nos torna, para dizê-la com os latinos, *humaníssimos*, ou seja, no sentido mais pleno do termo, conscientes de si mesmos e da própria relação-missão no mundo: "eu sou uma missão na terra, e para isso estou neste mundo".[27]

Por ocasião dos I Simpósio para os ecônomos gerais, o Santo Padre recordava: "Os Institutos de vida consagrada e as Sociedades de vida apostólica foram sempre uma voz profética e um testemunho profundo da novidade que é Cristo, (...) Esta pobreza amorosa é solidariedade, partilha

---

[26] FRANCISCO. *Homilia por ocasião da Festa da Apresentação do Senhor*, XXI Jornada Mundial da vida consagrada, Roma (2 de fevereiro de 2017).
[27] EG, n. 273.

e caridade, enquanto se manifesta na sobriedade, na busca da justiça e na alegria do essencial, para alertar contra os ídolos materiais que ofuscam o sentido autêntico da vida".[28]

A pobreza dos consagrados deve ser, portanto, amorosa, não teórica.[29] Ela contesta com força a idolatria de Mamom, propondo-se como apelo profético em relação a uma sociedade que, em muitas partes do mundo abastado, arrisca perder o sentido da medida e o próprio significado das coisas. Por isso, hoje, mais do que em outras épocas, a sua recordação encontra nova atenção também entre aqueles que, conscientes da limitação dos recursos do planeta, invocam o respeito e a salvaguarda do criado mediante a redução dos consumos, a sobriedade, a imposição de um freio obrigatório aos próprios desejos.

Se o campo da economia é instrumento, se o dinheiro deve servir e não governar, então é necessário olhar para o carisma, para a direção, para as finalidades, para o significado e para as implicações sociais e eclesiais das escolhas econômicas que efetuam os Institutos de vida consagrada e as Sociedades de vida apostólica.[30]

---

[28] FRANCISCO. *Mensagem aos participantes do Simpósio Internacional sobre o tema: "A gestão dos bens eclesiásticos dos Institutos de vida consagrada e das Sociedades de vida apostólica a serviço do* humanum *e da missão da Igreja"*, Roma (8 de março de 2014).

[29] Idem.

[30] FRANCISCO. *Mensagem aos participantes no Segundo Simpósio Internacional sobre o tema: "Na fidelidade ao carisma repensar a economia dos Institutos de vida consagrada e das Sociedades de vida apostólica"*, Roma (25 de novembro de 2016).

15. A confirmação da instrumentalidade dos bens temporais em relação à realização dos fins deriva do próprio conceito de bem eclesiástico. Os bens dos Institutos, de fato, são bens eclesiásticos.[31] São considerados tais os bens que pertencem às pessoas jurídicas públicas[32] ordenadas a um fim correspondente à missão da Igreja,[33] "desempenharem, em nome da Igreja, o próprio encargo a elas confiado, em vista do bem público".[34] Os bens dos Institutos participam, na verdade, das "mesmas finalidades no mundo evangélico da promoção da pessoa humana, da missão, da partilha caritativa e solidária com o povo de Deus: especialmente, a solicitude e o cuidado pelos pobres, vividos como compromisso comum, são capazes de dar nova vitalidade ao Instituto".[35] Como afirma a Constituição Conciliar *Gaudium et Spes*, a Igreja se serve: "das coisas temporais, na medida em que a sua missão o exige. (...) mais ainda, ela renunciará ao exercício de alguns direitos legitimamente adquiridos, quando verificar que o seu uso põe em causa a sinceridade do seu testemunho".[36]

---

[31] SOCIEDADE BRASILEIRA DE CANONISTAS. Código de Direito Canônico (CIC) – edição comentada. Brasília: Edições CNBB, 2013, cân. 634, § 1.
[32] Ibidem, cân. 1257, § 1.
[33] Ibidem, cân. 114, § 1.
[34] Ibidem, cân. 116, § 1.
[35] CONGREGAÇÃO PARA OS INSTITUTOS DE VIDA CONSAGRADA E AS SOCIEDADES DE VIDA APOSTÓLICA. *Orientações. Para vinho novo, odres novos. A vida consagrada desde o Vaticano Segundo e os desafios ainda em aberto*, Roma (6 de janeiro de 2017), n. 28.
[36] GS, n. 76.

A fidelidade ao carisma e à missão constitui, portanto, o critério fundamental para a avaliação das obras,[37] de fato, "a rentabilidade não pode ser o único critério a ter em conta".[38]

O repensar da economia deve acontecer através de um atento discernimento: escuta da Palavra de Deus e da história. O empenho sem desânimo no discernimento permitirá de tal modo escolher, com sagaz criatividade e coração disponível, obras que ofereçam nova dignidade "a pessoas vítimas do descarte, débeis e frágeis: os nascituros, os mais pobres, os idosos doentes, os portadores de deficiências graves".[39] Na carta dirigida a todos os consagrados, por ocasião do ano da vida consagrada, o Papa Francisco afirmava: "De vós espero gestos concretos de acolhimento dos refugiados, de solidariedade com os pobres, de criatividade na catequese, no anúncio do Evangelho, na iniciação à vida de oração. Consequentemente, almejo a racionalização das estruturas, a reutilização das grandes casas, em favor de obras mais cônsonas às exigências atuais da evangelização e da caridade, e a adaptação das obras às novas necessidades".[40]

---

[37] FRANCISCO. *Mensagem aos participantes no Segundo Simpósio Internacional sobre o tema: "Na fidelidade ao carisma repensar a economia dos Institutos de vida consagrada e das Sociedades de vida apostólica"*, Roma (25 de novembro de 2016).

[38] LS, n. 187.

[39] FRANCISCO. *Mensagem aos participantes no Segundo Simpósio Internacional sobre o tema: "Na fidelidade ao carisma repensar a economia dos Institutos de vida consagrada e das Sociedades de vida apostólica"*, Roma (25 de novembro de 2016).

[40] FRANCISCO. *Carta Apostólica a todos os consagrados, por ocasião do ano da vida consagrada*, Roma (23 de novembro de 2014), n. 2.

Ao mesmo tempo, é necessária uma renovada consciência para superar a mentalidade assistencialista, que cobre as perdas sem resolver os problemas administrativos, e representa um dano gravíssimo porque dissipa recursos que poderiam ser utilizados em outras obras de caridade.[41]

Os Institutos devem preocupar-se não somente com os resultados da sua gestão, mas também com todo o *iter* do processo econômico. "A doutrina social da Igreja sempre defendeu que *a justiça diz respeito a todas as fases da atividade econômica,* (...) *Deste modo, cada decisão econômica tem consequências de caráter moral.* (...) Por isso, os cânones da justiça devem ser respeitados desde o início enquanto se desenrola o processo econômico, e não depois ou marginalmente".[42]

Economia evangélica de partilha e comunhão

16. Os Institutos de vida consagrada e as Sociedades de vida apostólica são convidados a buscar novos "modos de entender a economia e o desenvolvimento".[43] A fraternidade, a solidariedade, a rejeição da indiferença, a gratuidade são o mais basilar remédio aos conflitos, também econômicos, e o ponto de partida para construir uma sociedade justa e equitativa, visando refletir enquanto possível a pátria

---

[41] CONGREGAÇÃO PARA OS INSTITUTOS DE VIDA CONSAGRADA E AS SOCIEDADES DE VIDA APOSTÓLICA. Carta circular *Linhas orientadoras para a administração dos bens nos Institutos de vida consagrada e nas Sociedades de vida apostólica*, Roma (2 de agosto de 2014), 9, 1,1.

[42] CV, n. 37.

[43] LS, n. 16.

definitiva, onde existirão "novos céus e uma nova terra, nos quais habitará a justiça" (2Pd 3,13).

"Se a procura do desenvolvimento pede um número cada vez maior de técnicos, exige cada vez mais sábios, capazes de reflexão profunda, em busca de humanismo novo, que permita ao homem moderno o encontro de si mesmo, assumindo os valores superiores do amor, da amizade, da oração e da contemplação. Assim poderá realizar-se em plenitude o verdadeiro desenvolvimento."[44]

O desenvolvimento, portanto – se quer ser autenticamente humano –, deve dar espaço aos carismas. Os carismas fundacionais, de fato, estão inscritos plenamente na "lógica do dom (que) não exclui a justiça e não se justapõe a ela em um segundo momento e a partir de fora";[45] no *ser-dom*, os consagrados dão uma verdadeira contribuição ao desenvolvimento econômico, social e político que, "se quer ser autenticamente humano", deve "dar *espaço ao princípio da gratuidade* como expressão de fraternidade (...). Por sua natureza, o dom ultrapassa o mérito; a sua regra é a excedência".[46] O excesso foge a parâmetros corporativos: é a medida da caridade. "De fato, os dons carismáticos levam os fiéis a responder, em plena liberdade e de modo adequado, aos tempos, ao dom da salvação, fazendo de si próprios um dom de amor para os outros e um testemunho

---

[44] PAULO VI. Carta Encíclica *Populorum Progressio* (PP), n. 20.
[45] CV, n. 34.
[46] Idem.

autêntico do Evangelho diante de todos os homens."[47] Na verdade, "na lógica do Evangelho, se não se doa tudo, não se doa jamais o bastante".[48]

17. A vida consagrada deve libertar-se do paradigma tecnocrático exercitando plenamente a liberdade, que "é capaz de limitar a técnica, orientá-la e colocá-la a serviço doutro tipo de progresso, mais saudável, mais humano, mais social, mais integral".[49]

É pedido a todos uma conversão ecológica, que empenha cada um e as comunidades.[50] Como fraternidade de vida consagrada, somos chamados a fazer nosso este convite, e a colocar em movimento a novidade de vida que está presente nos nossos carismas. Ainda hoje, fazendo crescer a capacidade peculiar que Deus deu a cada um, somos convidados a desenvolver a criatividade e o entusiasmo, com a finalidade de "resolver os dramas do mundo, oferecendo-nos a Deus 'como sacrifício vivo, santo e agradável' (Rm 12,1)".[51]

Formação para a dimensão econômica

18. Na prospectiva de uma conversão da mentalidade e da práxis econômica e de gestão: "Repensar a economia

---

[47] CONGREGAÇÃO PARA A DOUTRINA DA FÉ. Carta *Iuvenescit Ecclesia*. Brasília: Edições CNBB, 2016, n. 15. (Documentos da Igreja 30.)

[48] FRANCISCO. *Discurso aos participantes no encontro "Economia de comunhão", promovido pelo Movimento dos Focolares*, Roma (4 de fevereiro de 2017).

[49] LS, n. 112.

[50] Ibidem, n. 217.

[51] Ibidem, n. 220.

exige competências e capacidades específicas, (...) é uma dinâmica que se refere à vida de todos e de cada um. É uma tarefa que não pode ser delegada a ninguém, mas exige a plena responsabilidade de cada pessoa".[52]

Todos os membros dos Institutos de vida consagrada e das Sociedades de vida apostólica devem com máxima atenção sentir-se responsáveis, a fim de que a administração dos recursos econômicos seja sempre realisticamente a serviço dos fins expressivos do carisma próprio.

A crescente complexidade na administração dos bens acentuou uma tendência de desresponsabilização e de atribuição ou delegação destas temáticas somente a alguns, quando não até mesmo a uma só pessoa; gerou falta de atenção relativa à economia dentro das comunidades; favoreceu a perda de contato com o custo de vida e as fadigas administrativas e induziu ao risco de uma dicotomia entre economia e missão.[53]

A formação à *dimensão econômica* parte da partilha das motivações humanas, éticas e morais do serviço, para alcançar a redescoberta da dimensão evangélica da economia, para administrar as estruturas econômicas em ordem

---

[52] FRANCISCO. *Mensagem aos participantes no Segundo Simpósio Internacional sobre o tema: "Na fidelidade ao carisma repensar a economia dos Institutos de vida consagrada e das Sociedades de vida apostólica"*, Roma (25 de novembro de 2016).

[53] CONGREGAÇÃO PARA OS INSTITUTOS DE VIDA CONSAGRADA E AS SOCIEDADES DE VIDA APOSTÓLICA. Carta circular *Linhas orientadoras para a gestão dos bens nos Institutos de vida consagrada e nas Sociedades de vida apostólica*, Roma (2 de agosto de 2014), n. 3.

aos princípios de gratuidade, fraternidade e justiça, e para viver a lógica do dom, dando assim uma verdadeira contribuição ao desenvolvimento econômico, social e político da sociedade e da própria Igreja.[54]

19. A formação ajuda "a entrar decididamente num processo de discernimento, purificação e reforma",[55] na concretude de cada situação. Iniciar processos de formação para a dimensão econômica significa acompanhar a mudança, revitalizando a necessidade de voltar-se para o Senhor Jesus, também em ordem à economia, para ser "testemunhas de um modo diverso de fazer, de agir, de viver".[56] Para tal fim, será necessária uma preparação adequada à luz da Doutrina Social da Igreja. Na verdade, "colocando-se totalmente a serviço do mistério da Caridade de Cristo para com o homem e para com o mundo, os religiosos antecipam e mostram na sua vida alguns traços da humanidade nova que a Doutrina Social da Igreja quer propiciar".[57]

O Papa Francisco, na Encíclica *Laudato Si'*, exortou a que nos seminários e nas casas religiosas de formação "se eduque para uma austeridade responsável, a grata contemplação do mundo, o cuidado da fragilidade dos pobres e do meio ambiente".[58]

---

[54] Ibidem, n. 5.
[55] EG, n. 30.
[56] SPADARO, A. "Svegliate il mondo". Colloquio di Papa Francesco con i Superiori Generali. *La Civiltà Cattolica*, 165 (2014/I), p. 5.
[57] PONTIFÍCIO CONSELHO JUSTIÇA E PAZ. *Compêndio da Doutrina Social da Igreja*, Roma (2 de abril de 2004), § 540.
[58] LS, n. 214.

Isso comporta viver uma espiritualidade encarnada, que considera a realidade como lugar de manifestação e de encontro com Deus, desenvolve uma atitude contemplativa capaz de escutar a sua voz em cada pessoa, especialmente naquelas mais desfavorecidas. Uma espiritualidade que não admite dicotomias nem reducionismos;[59] a história, a vida cotidiana são espaços sagrados nos quais a Palavra se revela, interpela e transfigura a realidade.

O processo formativo, ao propor uma espiritualidade encarnada, educa a ver a realidade do ponto de vista dos pobres, para desenvolver uma compaixão eficaz para com eles, para carregar suas dores, e para empenhar-se em promover a justiça, a paz e integridade do criado.

A formação para a dimensão econômica, em consonância com o próprio carisma, é fundamental para que as escolhas na missão possam ser inovadoras e proféticas.

Urgência de dar rostos à profecia

20. "O profeta – afirma o Papa Francisco na Carta aos consagrados e consagradas – recebe de Deus a capacidade de perscrutar a história em que vive e interpretar os acontecimentos: é como uma sentinela que vigia durante a noite e sabe quando chega a aurora (cf. Is 21,11-12)."[60] Disso

---

[59] CONGREGAÇÃO PARA OS INSTITUTOS DE VIDA CONSAGRADA E AS SOCIEDADES DE VIDA APOSTÓLICA. *Diretivas sobre a formação nos Institutos religiosos*, Roma (2 de fevereiro de 1990), n. 17.

[60] FRANCISCO. *Carta Apostólica a todos os consagrados, por ocasião do ano da vida consagrada*, Roma (23 de novembro de 2014), n. 2.

derivam responsabilidades concretas relativas ao nosso ambiente social e econômico. "Nas atuais incertezas, em uma sociedade capaz de mobilizar meios significativos, mas cuja reflexão sobre o plano cultural e moral permanece inadequada em relação a sua utilização em ordem ao conseguimento de fins apropriados", os consagrados devem sentir a urgência de dar rostos à profecia que nos convida "a não nos render e a construir sobretudo um futuro de sentido para as gerações que virão. Não é preciso temer propor coisas novas". Na verdade, "mediante um empenho de imaginação *comunitária* é possível transformar não somente as instituições, mas também os estilos de vida e suscitar um devir melhor para todos os povos".[61]

21. Alguns Institutos de vida consagrada e Sociedades de vida apostólica estão colocando em prática iniciativas, no âmbito dos respectivos quadros legislativos, que podem utilmente ser objeto de reflexão e consideração. Trabalhadores de criatividade da caridade e, ao mesmo tempo, de busca e identificação de novos projetos sustentados por garantias normativas. Trata-se, nos contextos da inserção, de iniciar uma comparação entre os Institutos e as Sociedades para estudar, com a colaboração de especialistas, qual enquadramento jurídico possa melhor tutelar e promover a eficácia dos seus serviços.

Assiste-se hoje a uma aceleração na mudança das leis que induz incerteza e inevitavelmente incide sobre a já

---

[61] PONTIFÍCIO CONSELHO JUSTIÇA E PAZ. Nota: *Para uma reforma do sistema financeiro e monetário internacional na prospectiva de uma autoridade pública com competência universal*, Roma (24 de outubro de 2011).

precária situação de algumas obras. Trata-se de potenciar a ligação com aqueles centros – também acadêmicos – que asseguram a monitoração legislativa e preveem os efeitos ou impactos a médio-longo prazo sobre as atividades administradas pelos Institutos. Além disso, seria desejável que se valorizassem posteriormente as petições de colaboração com os respectivos organismos das Conferências Episcopais que coordenam as categorias de serviço (obras educativas, atividades de saúde, sociossanitárias e socioassistenciais). Nesta linha, a ativação de mesas de debate permanentes favoreceria o entendimento para estabelecer uma plataforma comum também diante das autoridades civis.

II. O OLHAR DE DEUS: CARISMA E MISSÃO

Tensão em direção ao Reino futuro

22. A tensão escatológica qualifica a vida consagrada e, ao mesmo tempo, representa o seu dinamismo, que se exprime na súplica: "'Vem, Senhor Jesus!' (Ap 22,20). Esta espera é tudo, menos inerte: embora dirigindo-se ao Reino futuro, ela se traduz em trabalho e missão (...) a fim de que o Reino se afirme de modo crescente aqui e agora (...). A vida consagrada está a serviço desta definitiva irradiação da glória divina, quando toda carne verá a salvação de Deus".[1] A súplica "Vem, Senhor Jesus!" está sempre unida à invocação "Venha o teu Reino" (Mt 6,10).[2] Presente e eternidade não estão mais um depois do outro, mas intimamente conexos, e a fé "atrai o futuro para dentro do presente, de modo que aquele já não é o puro 'ainda-não'. O fato de este futuro existir muda o presente; o presente é tocado pela realidade futura, e assim as coisas futuras derramam-se naquelas presentes e as presentes nas futuras".[3]

A relação entre carisma e visão de futuro, portanto, é constitutiva da missão própria dos Institutos de vida

---

[1] VC, n. 27.
[2] Idem.
[3] SS, n. 7.

consagrada e das Sociedades de vida apostólica,[4] que são chamados a viver o próprio carisma na "espera das coisas futuras a partir de um dom já presente".[5] Elaborar uma visão de futuro, mesmo nos aspectos administrativos das obras, é responsabilidade de cada Instituto, um empenho do pensar crente em função da afirmação da presença do Reino aqui e agora; é um processo de discernimento eclesial, do qual as obras são lugar de mediação.

23. As obras, portanto, não são identificadas com a missão: constituem a modalidade com a qual a missão se torna visível, a pressupõem, mas não a esgotam, nem a definem. Quando isto acontece – como no passado pode ter acontecido –, o resultado paradoxal é que não se oferece um futuro para as obras. As obras podem mudar enquanto a missão permanece fiel à intuição carismática inicial, encarnando-se no hoje; a missão deve integrar-se com o caminho do povo de Deus na história,[6] e quem opera por uma missão de Igreja deve realizá-la ficando atento à voz do Espírito. Nessas condições se recupera a capacidade de abrir ao futuro o carisma e as obras mais inovadoras, de arriscar dar respostas imediatas, indubitavelmente eficazes, mas não abertas à profecia e, no fim, menos evangélicas.

A missão, na verdade, compõe indissoluvelmente a *sequela Christi* e o serviço aos pequenos e aos pobres. Nascida de uma experiência especial do Espírito, que representa

---

[4] VC, n. 27.
[5] SS, n. 7.
[6] EG, n. 120 e infra.

na Igreja um aspecto do mistério de Cristo e aprofunda esta experiência, uma missão autêntica deve guardar uma dimensão mística. Se entre missão carismática e obras acontecesse um desligamento, as obras seriam imagem de profissionalidade, de capacidade, mas restariam privadas de vida verdadeira, de amor, de profundidade.

As palavras do Papa Francisco, a este propósito, são clarividentes, solicitam a uma compreensão do testemunho pessoal e coletivo do carisma entendido como lançar o olhar para além, ver e ler conjuntamente o que acontece, com o olhar de Deus: "Só no olhar de Deus há futuro para nós. Precisamos de quem, conhecendo melhor a amplidão do campo de Deus do que o seu pequeno jardim, nos garanta que aquilo pelo que aspiram os nossos corações não é uma promessa vã".[7]

O olhar além: o discernimento

24. A comparação do carisma com a história orienta para o discernimento, permitindo olhá-la com o olhar de Deus, nas diversidades sendo capaz de ver coisas que outros não veem. Os carismas permitem ver capacidades lá onde os outros avistam somente incapacidade.

O discernimento tem em exercício esta capacidade de conhecer a amplitude do campo de Deus, evita que as pequenas coisas – o *pequeno jardim* do qual fala o Papa Francisco – se tornem absolutas, e as grandes acabem por

---

[7] FRANCISCO. *Discurso na reunião da Congregação para os Bispos*, Roma (27 de fevereiro de 2013), n. 1.

se tornar relativas ou até mesmo inexistentes. O olhar, portanto, traduz certa percepção da história que sabe conjugar as questões emergentes da experiência humana, econômica e administrativa, dentro da mais fundamental questão de fé. Lapidar, a este propósito, a declaração da *Evangelii Gaudium:* "Recordemos que nunca se deve *responder a perguntas que ninguém se põe*".[8]

Além disso, percebe-se a exigência de "que os costumes, os estilos, os horários, a linguagem e toda a estrutura eclesial se tornem um canal proporcionado mais à evangelização do mundo atual que à autopreservação".[9] Critério ineludível também no modo de administrar e gerir os bens do Instituto que parece, às vezes, cristalizar individualismos de papel e respectivas visões, e não permanecer aberto à superação de práticas ineficazes e orientações já obsoletas.

25. O *olhar além* pede para evidenciar um projeto, ou seja, uma experiência espiritual e eclesial que toma forma por graus e se traduz em termos concretos, em ação. Não uma visão *a priori*, que lembra um quadro de ideias e conceitos, mas um quadro vivido que faz referência a tempos, lugares e pessoas (como pede Santo Inácio de Loyola), e, portanto, não a atrações ideológicas. Uma visão de futuro, portanto, que não se impõe sobre a história, buscando organizá-la segundo as próprias coordenadas, mas dialoga com a realidade, se insere na história dos homens, se dirige

---

[8] EG, n. 155.
[9] Ibidem, n. 27.

no tempo. É uma estrada que se empreende. Um caminho que se abre caminhando.

A visão aberta significa, ao mesmo tempo, deixar-se *olhar novamente* pela realidade que nos circunda, deixar-se interrogar por ela, e olhar através das suas petições. Isso permite à vida consagrada, nas suas opções de missão e de gestão das obras, fixar o próprio olhar sobre o essencial.

O Espírito Santo, fonte perene de todo carisma, é comunhão de amor entre o Pai e o Filho. Esta se desdobra em um duplo movimento do Espírito, *ad intra* e *ad extra*: diálogo e relação entre o Pai e o Filho, presença do amor de Deus na história. Esta dinâmica se torna motor da vida consagrada: voltar cada dia à perene novidade do carisma para torná-lo presente na história. A relação com a história, portanto, se torna necessária à vitalidade do carisma, que é e permanece eficaz na medida em que faz própria esta intrínseca relação. A pessoa consagrada, portanto, leva na sociedade que muda o amor que não muda.

O planejamento

26. A capacidade de futuro de um carisma se compara com a rapidez e a globalização das mudanças em curso (socioeconômicas, políticas, legislativas), que recebem uma recaída evidente na complexidade dos problemas a serem enfrentados, compreendido o administrativo. Nesta prospectiva, é difícil avançar na pretensão de decisões imediatas, trata-se mais realisticamente de pensar juntos quais orientações podem ser sustentáveis no futuro próximo, desde que não se restrinjam ao nosso *pequeno jardim*. O problema não se limita à continuidade das obras expressivas do carisma, mas à sua significação socioeclesial, que se traduz em eficácia evangélica.

Para esta finalidade, é urgente adquirir uma mentalidade de planejamento. Isso levará a assumir em primeiro lugar uma metodologia e os instrumentos para antecipar, delinear e guiar a mudança e o crescimento no agir cotidiano, para oferecer às pessoas, às comunidades e às obras a capacidade de olhar além, de interpretar o mundo e as exigências atuais. Tratar-se-á, portanto, de desenvolver estratégias e técnicas de análise, para analisar a real viabilidade de uma ação, adquirindo e valorizando os conhecimentos do Instituto sobre os projetos e o trabalho feito no passado, mas também envolvendo especialistas externos, buscando conhecer a experiência de outros Institutos, unindo competência à capacidade de trabalhar em rede. A mentalidade de planejamento parte da experiência espiritual e eclesial, para traduzir na concretude a visão de futuro do Instituto, através de um plano de trabalho estratégico, que utiliza caminhos partilhados.

27. São necessários esforços ulteriores para que o caminho empreendido nestes anos torne mais visível a dimensão carismática na dimensão operativa e administrativa. Recentemente, diversos Institutos de vida consagrada e Sociedades de vida apostólica de consolidada experiência elaboraram documentos de inspiração carismática que brotaram da realidade vivida. Neles propuseram uma releitura das suas obras, à luz dos elementos essenciais do carisma fundacional. Elementos que se recompõem em uma visão orgânica que orienta os direcionamentos econômicos, administrativos e financeiros dos serviços. Tal projeto se explicita, como se sabe, também em alguns indicadores fundamentais, interpretativos do próprio carisma. A título de exemplificação, mencionam-se os indicadores relativos à verificação da diaconia da caridade vivida no coerente testemunho dos valores do carisma do Instituto e aqueles inerentes à avaliação dos objetivos e dos resultados esperados. Os documentos supramencionados – frutos frequentemente de paciente e laboriosa redação – poderiam ser adotados também por outras famílias de vida consagrada. A partilha de experiências e saberes é a fecunda premissa para processos de discernimento acerca da reorganização das obras para "salvaguardar o sentido do próprio carisma".[10]

Carismas: a significação eclesial

28. Na prospectiva de uma visão de futuro a significação é em primeiro lugar expressiva da eclesialidade do carisma, dimensão fortemente sublinhada pelo Papa Francisco: os carismas "são dons para renovar e edificar a Igreja. Não se trata de um patrimônio fechado, entregue a um grupo para que o guarde; mas são presentes do Espírito integrados no corpo eclesial (...) Um sinal claro da autenticidade de um carisma é a sua eclesialidade, a sua capacidade de se integrar harmoniosamente na vida do povo santo de Deus para o bem de todos. (...) Quanto mais um carisma

---

[10] VC, n. 63.

dirigir o seu olhar para o coração do Evangelho, tanto mais eclesial será o seu exercício".[11]

Dois aspectos merecem ser sublinhados. Os carismas não são um patrimônio fechado; sinal autêntico da sua eclesialidade e a "capacidade de se integrar harmoniosamente na vida do povo santo de Deus".[12]

Manter vivos os carismas implica vigiar sobre a eclesialidade do dom: um carisma se renova no tempo para poder contribuir na edificação da Igreja.[13]

29. "A missão da vida consagrada é universal e aquela de muitos Institutos abraça todo o mundo, todavia ela é também encarnada em realidades locais específicas."[14] Os bens dos Institutos de vida consagrada e das Sociedades de vida apostólica, na verdade, não recebem significado somente dentro de uma interação com a Igreja local, mas a sua destinação está aberta às dimensões da universalidade da missão da Igreja: da atenção a todas as formas de pobreza aos projetos de solidariedade nos territórios de missão, não menos importante, a formação dos próprios candidatos e o cuidado dos idosos.

---

[11] EG, n. 130.
[12] Idem.
[13] Ibidem, n. 130-131.
[14] CONGREGAÇÃO PARA OS INSTITUTOS DE VIDA CONSAGRADA E AS SOCIEDADES DE VIDA APOSTÓLICA. Carta circular *Linhas orientadoras para a gestão dos bens nos Institutos de vida consagrada e nas Sociedades de vida apostólica*, Roma (2 de agosto de 2014), n. 16, 2.1.

A vida consagrada, não obstante, faz parte totalmente da família diocesana.[15] Por tantas razões, a justa autonomia – que é tarefa dos Ordinários dos lugares conservar e tutelar (cân. 586, § 2) – não pode desconsiderar o plano pastoral diocesano ou evitar a prévia consulta do bispo, antes de proceder ao encerramento de obras. "Hoje, mais do que nunca, é necessário viver a justa autonomia e a isenção nos Institutos que são fornecidos disto, em estreita relação com a inserção, de tal modo que a liberdade carismática e a catolicidade da vida consagrada se exprimam também no contexto da Igreja particular. Esta não corresponderia plenamente ao que Jesus desejou para a sua Igreja, se não houvesse a vida consagrada, a qual faz parte da sua estrutura essencial, do mesmo modo que o laicato e o ministério ordenado. É por este motivo, à luz do Concílio Vaticano II, que hoje falamos de *coessencialidade* dos dons hierárquicos e dos dons carismáticos,[16] que fluem do único Espírito de Deus e alimentam a vida da Igreja e a sua ação missionária."[17]

---

[15] SAGRADA CONGREGAÇÃO PARA OS RELIGIOSOS E OS INSTITUTOS SECULARES – SAGRADA CONGREGAÇÃO PARA OS BISPOS. Critérios diretivos sobre as relações entre os bispos e os religiosos na Igreja *Mutuae Relationes*, Roma (14 de maio de 1978), n. 18.

[16] CONCÍLIO VATICANO II. Constituição Dogmática *Lumen Gentium* (LG), n. 4.

[17] FRANCISCO. *Discurso aos participantes no Congresso Internacional para vigários episcopais e delegados para a vida consagrada*, Roma (28 de outubro de 2016), n. 1; cf. CONGREGAÇÃO PARA A DOUTRINA DA FÉ. Carta *Iuvenescit Ecclesia* aos bispos da Igreja Católica, sobre a relação entre dons hierárquicos e carismáticos para a vida e a missão da Igreja, Roma (15 de maio de 2016), n. 10.

30. Os bispos diocesanos, de sua parte, são chamados a apreciar as pessoas consagradas, "memória vivente do modo de existir e de agir de Jesus",[18] superando a avaliação em termos de utilidade e funcionalidade; alcançando melhor compreensão da universalidade do serviço dos consagrados e das consagradas e do crescimento da mútua colaboração. "Os pastores são chamados a respeitar, sem manipular, a pluridimensionalidade que constitui a Igreja e através da qual a Igreja se manifesta."[19]

É indispensável partir de uma prospectiva teológica de comunhão para compreender plenamente a abertura à Igreja universal e, ao mesmo tempo, a necessidade e o empenho de colaborar com a Igreja local. Quando a comunhão não é pressuposto de toda relação eclesial, arrisca-se cair em uma lógica de reinvindicações recíprocas. É necessário, portanto, promover relações fundadas sobre o princípio da comunhão, que se baseia na *fraternidade* e sobre o *fazer juntos*.

Carismas: capacidade de integrar-se

31. Fraternidade é a palavra-chave que melhor do que outra exprime a autenticidade da vida consagrada para a edificação da Igreja. Na verdade, os carismas manifestam a sua autenticidade evangélica na fraternidade e no interior das nossas fraternidades. A Doutrina Social da Igreja

---

[18] VC, n. 22.

[19] FRANCISCO. *Discurso aos participantes no Congresso Internacional para vigários episcopais e delegados para a vida consagrada*, Roma (28 de outubro de 2016), n. 1.

convida com insistência a encontrar os modos para aplicar, na prática, a fraternidade como princípio da nossa ordem econômica. Onde outras linhas de pensamento falam somente de solidariedade, a Doutrina Social da Igreja fala de fraternidade, dado que uma sociedade fraterna é também solidária, enquanto não é sempre verdade o contrário, como tantas experiências nos confirmam.

Fraternidade, portanto, é "um estilo de vida que implica capacidade de viver juntos e de comunhão. Jesus lembrou-nos de que temos Deus como nosso Pai comum e que isto nos torna irmãos. O amor fraterno só pode ser gratuito, nunca pode ser uma paga a outrem pelo que realizou, nem um adiantamento pelo que esperamos que venha a fazer".[20] Neste sentido, "é necessário voltar a sentir que precisamos uns dos outros, que temos uma responsabilidade para com os outros e o mundo".[21]

Responsabilidade significa entrar também na lógica de uma nova cultura de gestão que respeita e valoriza os âmbitos da Igreja local. Cultura que se ativa mediante um diálogo partilhado e a elaboração de critérios de tutela e promoção de um patrimônio eclesial que vá além dos bens imóveis e inclui as experiências, os saberes, as competências, as profissionalidades que têm qualificado passado e presente de obras pequenas e grandes; história que tem interpretado as necessidades e carências das Igrejas locais.

---

[20] LS, n. 228.
[21] Ibidem, n. 229.

32. Hoje não é mais consentido pensar sozinhos, como se os problemas gerados pela gestão das obras fossem exclusivamente um problema dos Institutos de vida consagrada e das Sociedades de vida apostólica. Aqui se evidencia uma situação historicamente compreensível: quase sempre se raciocinou em termos de "nossas" obras, e as Igrejas locais lhes consideraram as "obras dos religiosos".

No contexto eclesial de hoje se requer uma verdadeira mudança de mentalidade: o empenho em pensar, juntamente com os outros sujeitos eclesiais, possíveis soluções que garantam significatividade eclesial às nossas obras, além do problema concreto de uma continuidade na gestão. Segue-se que o caminho de conversão é um itinerário comunional. O futuro das obras nos refere como a Igreja os vai abordando.

A capacidade de integrar-se na Igreja está na própria origem das obras, que não nasceram para responder a projetos avulsos das necessidades das pessoas. O problema da integração se traduz hoje no *fazer juntos*: "Ela inspira a colaborar, a partilhar, a preparar o caminho para relacionamentos vinculados por um comum sentido de responsabilidade. Este caminho abre o campo a novas estratégias, novos estilos, novas atitudes. (...) 'fazer juntos' significa organizar o trabalho não com o gênio solitário de um indivíduo, mas com a colaboração de muitos. Em outras palavras, significa 'fazer rede' para valorizar os dons de todos, sem, contudo, descuidar a unicidade irrepetível de cada um (...) dar passos corajosos para que o 'encontrar-se e fazer juntos' não seja só um *slogan*, mas um programa para o presente e para o futuro".[22] Este convite à colaboração vale também para os Institutos de vida consagrada e as Sociedades de vida apostólica, que são chamados a "sair, com maior coragem, das fronteiras do próprio Instituto para se elaborar em conjunto, a nível local e global, projetos comuns de formação, de evangelização, de intervenções sociais".[23]

33. *Fazer juntos* comporta também uma coordenação e uma partilha em nível de projeto e gestão, mentalidade, cultura e práxis, que, se fossem realizadas seriamente, poderiam garantir a continuidade a não poucas obras, a sua eficácia evangélica e sustentabilidade econômica. A eficácia testemunha o Evangelho da caridade; a sustentabilidade, uma Igreja que cria uma rede de solidariedade para promover a qualidade de confiabilidade dos serviços.

Uma rede de solidariedade que se sustenta não somente pela a qualificação da oferta, mas sobretudo pela confiabilidade. Esta é um patrimônio de valores em que se conjugam: *credibilidade*, coesão e coerência de uma visão de projeto e gestão; *profissionalidade*, atenta e aberta à aprendizagem e não somente à eficácia-eficiência; *experiência*, ligada também à continuidade temporal, mas sobretudo na inovação e na criatividade.

A confiabilidade redesenha a hierarquia de preferências e, portanto, da prioridade de reconhecimento e de relacio-

---

[22] FRANCISCO. *Discurso aos empresários da Confederação Geral da Indústrias Italianas (Confindustria)*, Roma (27 de fevereiro de 2016).
[23] FRANCISCO. *Carta Apostólica a todos os consagrados, por ocasião do ano da vida consagrada*, Roma (23 de novembro de 2014), n. 2.

nalidade. Deve-se hoje investir mais em uma cultura da relação eclesial, tendo consciência de que a pluralidade dos sujeitos permanece envolvida nas nossas situações mais do que nós nos fazemos envolver pela realidade da inserção.

III. DIMENSÃO ECONÔMICA E MISSÃO

A sustentabilidade das obras

34. "O urgente desafio de proteger a nossa casa comum inclui a preocupação de unir toda a família humana na busca de um desenvolvimento sustentável e integral, pois sabemos que as coisas podem mudar."[1] No atual contexto histórico dos Institutos de vida consagrada e as Sociedades de vida apostólica são aceitos os desafios que o nosso tempo põe, buscando respostas proféticas para um desenvolvimento econômico e humano atento e respeitoso. As necessidades modificadas e os diversos contextos culturais, sociais e normativos exigem frequentemente, por um lado, o abandono de modalidades operativas não mais adequadas e, por outro, uma abordagem audaz e criativa para "repensar os objetivos, as estruturas, o estilo".[2]

O Papa Francisco, na mensagem dirigida aos participantes do II Simpósio organizado pela Congregação para os Institutos de Vida Consagrada e as Sociedades de Vida Apostólica, recordava que: "Sermos fiéis significa interrogar-nos sobre o que hoje, nesta situação, o Senhor nos pede

---

[1] LS, n. 13.
[2] EG, n. 33.

para ser e para fazer. Sermos fiéis compromete-nos num assíduo esforço de discernimento, a fim de que as obras, coerentes com os carismas, continuem a ser instrumentos eficazes para fazer com que a ternura de Deus (...) Ser fiel ao carisma requer muitas vezes um gesto de coragem: não se trata de vender tudo, nem de alienar todas as obras, mas de fazer um discernimento sério (...) o discernimento poderá sugerir que se mantenha viva uma obra que produz perdas – prestando muita atenção a fim de que estas não sejam geradas pela incapacidade nem pela inabilidade".[3]

Para avaliar a sustentabilidade das obras, é necessário adotar um método que considere cada aspecto e todas as inter-relações possíveis, tendo, então, unitariamente em conta as dimensões carismática, relacional e econômica, seja de cada uma das obras, seja do conjunto do Instituto.

35. *Dimensão carismática e projeto*. "Torna-se necessário empreender uma releitura da missão em função do carisma, verificando se a identidade carismática das instâncias fundantes emerge nas características das respostas operativas (...) Pode acontecer, de fato, de gerir obras não mais em sintonia com a expressão atual da missão, e imóveis não mais funcionais às obras que exprimem o carisma."[4]

---

[3] FRANCISCO. *Mensagem aos participantes no Segundo Simpósio Internacional sobre o tema: "Na fidelidade ao carisma repensar a economia dos Institutos de vida consagrada e das Sociedades de vida apostólica"*, Roma (25 de novembro de 2016).

[4] CONGREGAÇÃO PARA OS INSTITUTOS DE VIDA CONSAGRADA E AS SOCIEDADES DE VIDA APOSTÓLICA. Carta circular *Linhas orientadoras para a gestão dos bens nos Institutos de vida consagrada e nas Sociedades de vida apostólica*, Roma (2 de agosto de 2014), 8, 1.1.

É preciso definir quais "obras e atividades prosseguir, quais eliminar ou modificar, sobre quais novas fronteiras iniciar percursos de desenvolvimento e de testemunho da missão correspondente às necessidades de hoje, em plena fidelidade ao carisma".[5]

É preciso superar a mentalidade que considera antiética a projeção e o planejamento das atividades e das obras com a abertura à novidade do Espírito. Ao contrário, muitas das instituições não conseguem ver a luz porque não são sustentadas por um projeto e/ou planejamento: não são definidos os fins, identificadas as modalidades de realização e verificada a compatibilidade econômico-financeira. Tudo isso arrisca provocar um desligamento entre ideais e realidade praticáveis, entre missão e economia, levando a formular juízo e avaliações não corretas, para adotar providências não eficazes.

A necessidade de projetar e planejar não pode, de algum modo, ser interpretada como uma redução dos ideais, como vínculo à criatividade, como falta de confiança na Providência. Onde, ao contrário, a finalidade carismática é reconhecida, a economia se põe a serviço da profecia em um projeto concreto e eficaz.

36. *Dimensão relacional e fraternidade.* Como dito acima, é indispensável redescobrir uma economia de rosto humano, na qual o homem e o seu verdadeiro bem não percam jamais a centralidade. A atenção para pôr no centro a

---

[5] Idem.

dignidade de cada pessoa humana e o bem comum[6] recorda a necessidade de relações positivas. Na riqueza das relações, que constituem a fraternidade, as pessoas consagradas experimentam como a missão é constituída por pessoas dispostas a partilhar a vida e a fé, a fazer experiência de comunhão e de colaboração. As relações fraternas, fundadas na estima sincera e na confiança recíproca, tornam-se, assim, recursos preciosos para a gestão.

As obras, deste modo, seriam administradas em um espírito de abertura, de comunhão e de corresponsabilidade, mesmo quando o cuidado deve ser confiado a poucos consagrados e consagradas. Em alguns casos, ao contrário, são confiadas à responsabilidade de indivíduos, sem prever para eles momentos sistemáticos de comparação e verificação. Estes podem levar a uma personalização da gestão, mesmo involuntária, baseados nos próprios talentos, peculiaridades e sensibilidades, limitando assim a busca de modalidades de resposta às diversas situações concretas. Acontece frequentemente que não nos preocupamos com a formação de pessoas que possam assumir e dar justa continuidade à obra.

O projeto e ou planejamento, que se move por uma recíproca escuta, permite uma visão de conjunto sobre as obras e sobre as respostas às necessidades, oferece a possibilidade de superar as divisões e as diferenças, buscando soluções vantajosas, enriquecedoras para todos e partilhadas. Trata-se de dissociar-se da ideologia do *homo oeconomicus*, insaciável no seu desejo dos bens, cujas es-

---

[6] EG, n. 203.

colhas são determinadas pela maximalização do interesse pessoal e de relançar o desafio do *homo fraternus*, que não se cansa jamais de escolher a fraternidade.[7]

37. *Carismas e dimensão econômica.* O equilíbrio econômico-financeiro das atividades dos Institutos de vida consagrada e das Sociedades de vida apostólica não pode ser o único critério a levar em conta para um discernimento sobre a sustentabilidade das obras. Todavia, é necessário recordar que entre carisma e gestão dos bens não existe contradição; gerir segundo critérios econômicos não sufoca o carisma, mas permite perseguir e realizar objetivos partilhados. Assegurar a continuidade e vitalidade ao carisma implica não agir com superficialidade e imperícia. A experiência do Dicastério mostra que onde não é colocada suficiente atenção aos problemas de ordem administrativa, estes acabam por frustrar a própria missão.

A vida consagrada oferece ao mundo um testemunho evangélico quando mantém viva a inspiração apostólica e garante a sustentabilidade das obras mediante uma gestão consciente e equilibrada das mesmas.

O patrimônio estável

38. Razões de ordenada e previdente gestão exigem proceder a um geral reconhecimento dos bens do Instituto, e a não evitar as normas ditadas pelo direito canônico dirigidas a garantir a subsistência do Instituto e facilitar a

---

[7] Ibidem, n. 91.

conquista dos seus fins institucionais (chamado *patrimônio estável*). Daí a oportunidade de assumir solicitamente iniciativas adequadas para o inventário dos bens adscritos ao patrimônio estável, e, também, de cumprir os atos formais necessários de atribuição, se isto não tiver ainda acontecido.

Para tal fim, o direito próprio de cada Instituto é chamado a estabelecer a autoridade competente a proceder ao ato de atribuição mediante resolução apropriada. Tal previsão deve resultar no código fundamental ou em um outro documento normativo do direito próprio, com o seguinte texto ou outro semelhante: "O patrimônio estável é constituído por todos os bens imóveis e móveis que por legítima designação são destinados a garantir a segurança econômica do Instituto. Para os bens de todo o Instituto, tal designação vem feita pelo Capítulo geral ou pelo superior-geral com o consenso do seu conselho. Para os bens de uma Província, como também para os bens de uma casa legitimamente erigida, tal designação vem feita pelo Capítulo provincial ou outras assembleias semelhantes (cf. cân. 632), ou pelo superior provincial, com o consenso do seu conselho e confirmada pelo superior-geral".

39. O patrimônio estável composto por bens, imóveis ou móveis, garante a subsistência do Instituto, das Províncias e das casas legitimamente erigidas e dos seus membros e, também, assegura a realização da sua missão. O atributo estável se compreende como garantia de que não pode faltar a coerência para "uma finalidade coerente com a missão da

Igreja" (cân. 114, § 1-2) e a missão específica dos Institutos de vida consagrada e das Sociedades de vida apostólica.[8]

Podem ser legitimamente atribuídos ao patrimônio estável:

a) bens imóveis, quais sejam, por exemplo, os lugares de desenvolvimento de atividades, de habitação da comunidade, de assistência dos próprios membros idosos ou doentes, os bens particularmente relevantes do ponto de vista histórico-artístico, ou que fazem parte das raízes ou da memória do próprio Instituto, como a casa-mãe. A amplidão destes bens seja proporcionada à capacidade de gestão do Instituto, da Província ou da casa religiosa;

b) os bens imóveis que servem à subsistência do Instituto, da Província ou da casa religiosa. Trata-se dos chamados bens de rendas (ativos circulantes), constituídos para permitir à pessoa jurídica a própria subsistência ou em acréscimo às entradas ordinárias. Nestes casos, deve-se evitar que tais bens se tornem o motivo pelo qual a pessoa jurídica existe ou que se acumulem;

c) os bens móveis que servem à subsistência do Instituto, da Província ou da casa religiosa e à realização das respectivas finalidades. Tais bens são imobilizados e legitimamente atribuídos ao patrimônio estável. Não se trata dos bens que servem à ordinária gestão econômica, mas de bens móveis capitalizados e investidos nas diversas formas do sistema financeiro, segundo as indicações referidas no § 84;

---

[8] VC, n. 4; 72.

d) os bens imóveis e móveis que, insignes por história, arte e preciosidade, constituem os chamados bens culturais, memória histórica do Instituto, da Província ou da casa religiosa; tais bens podem representar um dote, mas também um empenho econômico por exigências de custódia e manutenção;

e) o fundo de tutela e segurança, a ser determinado em proporção às obras do Instituto, da Província ou da casa religiosa, necessário a tutelar o Instituto ante atividades articuladas que podem expô-lo a riscos econômicos relevantes (chamado *fundo de segurança*).

40. Na escolha dos bens a serem inseridos no patrimônio estável, é preciso considerar quais sejam os bens sem os quais a pessoa jurídica não teria meios para alcançar o próprio fim; como também é preciso fixar a entidade de tais bens à natureza, aos fins e às exigências da própria pessoa jurídica; considerar que determinados bens são por sua natureza indisponíveis, sob pena de desfazer a própria pessoa jurídica, e que não é lícito não proceder à atribuição do patrimônio estável somente com a finalidade de subtrair-se às prescrições da lei canônica sobre alienação. A constituição de tal patrimônio, na verdade, é posta à proteção e garantia dos próprios bens.

Para uma correta gestão dos bens inseridos no patrimônio estável, é necessário redigir um cuidadoso inventário do patrimônio imóvel do Instituto, da Província ou da casa religiosa, com especificação dos dados cadastrais, da proveniência dos imóveis, da presença de eventuais vínculos, da consistência dos bens e do seu estado de manutenção;

é mais que oportuno rever periodicamente as modalidades de concessão a terceiros dos imóveis ou de parte deles; é útil conservar um elenco próprio dos bens imóveis e móveis que são insignes por história, arte ou preciosidade; é, enfim, sempre necessário vigiar que a gestão dos bens inseridos no patrimônio estável continue a estar em consonância com a missão do Instituto, a fim de que não seja sobrecarregado com patrimônios ou atividades estranhos à instituição. Nesta linha, estável não é sinônimo de blindado. A inevitável aceleração dos sistemas econômico-financeiros sugere submeter à avaliação periódica (segundo os prazos considerados mais eficazes) cada um dos bens inseridos no patrimônio.

Responsabilidade, transparência e confiança

41. A responsabilidade, a transparência e a salvaguarda da confiança são princípios inclusivos: não se dá responsabilidade sem transparência; a transparência gera confiança, a confiança encontra uma na outra.

A responsabilidade é o princípio de consciência que orienta a missão evangelizadora em relação aos bens da Igreja.

A consciência dos fatores em jogo põe as condições essenciais para cumprir escolhas direcionadas e eventualmente aperfeiçoá-las ou até mesmo modificá-las radicalmente. Sobretudo a atenta e oportuna revelação contábil dos efeitos da gestão permite adotar as intervenções corretivas necessárias, antes que se produzam situações negativas irreversíveis. Ao contrário, um agir econômico não adequadamente controlado gasta recursos, contradizendo a indicação fundamental da Igreja para com o uso dos bens, consciente de serem destinados, em última instância, ao bem comum que "exige ser servido plenamente, não segundo visões redutivas subordinadas às vantagens, de modo que dela se possa derivar, mas com base em uma lógica que tende à mais larga assunção de responsabilidades".[9]

Responsabilidade em primeiro lugar diante da comunidade civil e eclesial, e, sobretudo, do próprio Instituto. Trata-se, portanto, de uma responsabilidade que põe em tema, por um lado, a quem se deve responder, e, por outro, a capacidade de motivar com coerência as próprias opções de gestão. Da responsabilidade deriva, não por último, a exigência de vigilância e controle. Estes não devem ser entendidos como limitação da autonomia dos entes ou como falta de confiança, mas representam um serviço à comunhão e à transparência, bem como uma tutela em relação a quantos desenvolvem tarefas delicadas de administração.[10]

42. Limitadamente a quanto antes exposto, o termo "transparência" quer identificar a capacidade de prestar conta das atividades, das escolhas operadas e dos resultados alcançados. Prestações de contas e balanços – que da

---

[9] PONTIFÍCIO CONSELHO JUSTIÇA E PAZ, *Compêndio da Doutrina Social da Igreja*, Roma (2 de abril de 2004), § 167.

[10] CONGREGAÇÃO PARA OS INSTITUTOS DE VIDA CONSAGRADA E AS SOCIEDADES DE VIDA APOSTÓLICA. Carta circular *Linhas orientadoras para a gestão dos bens nos Institutos de vida consagrada e nas Sociedades de vida apostólica*, Roma (2 de agosto de 2014), 10, 1.2.

transparência são instrumentos – permitem ser possível ter um quadro sintético, mas ao mesmo rigoroso, das atividades desenvolvidas e dos seus resultados, favorecendo, nos administradores, a atitude de prestar contas da própria ação, das próprias escolhas e mais geralmente do próprio comportamento. Prestar contas favorece, além disso, a prudência na administração dos bens. A uma maior consciência, de fato, corresponde uma maior precisão em identificar os riscos e, se for o caso, os novos caminhos a empreender.

Nesta prospectiva se pode bem compreender a intrínseca correlação entre responsabilidade e transparência. A ênfase não se refere somente às responsabilidades de papel (superiores, ecônomos-administradores, colaboradores), mas também – como anteriormente indicado – à identificação das razões/motivações que orientam as escolhas de administração-gestão e o considerado empenho ao dar uma resposta para as problemáticas ou as crises emergentes.

As regras de transparência, como é do conhecimento, são, com crescente intensidade e origem, impostas pelas leis civis em garantia da exatidão e legalidade do agir de qualquer sujeito, além da sustentabilidade econômica das obras do Instituto. Tais regras, acrescente-se, são progressivamente mais complexas e penetrantes. É, por isso, um dever dotar-se de competências profissionais e de procedimentos adequados; e isto não somente em nível de cada unidade operativa, mas quando se trate de estruturas articuladas, em âmbito nacional e internacional.

43. Prestações de contas e balanços contribuem para incrementar a credibilidade do sujeito que os realiza, portanto,

ajudam a fazer crescer a confiança. "Sem regras não pode existir confiança",[11] ou seja, a confiança é gerada também por regras que identificam as responsabilidades e verificam a transparência. O capital de confiança não pode ser comprometido por situações ou eventos que enfraquecem na comunidade civil e eclesial a credibilidade dos Institutos de vida consagrada e as Sociedades de vida apostólica; em consequência, torna-se "problemático" o próprio testemunho pessoal e coletivo da pobreza consagrada. De fato, uma cultura e uma práxis da transparência não estão desligadas da fidelidade à própria história e tradição carismática acerca do voto de pobreza e da equilibrada normativa acerca da dependência, limitação do uso e disposição dos bens.[12] A relação entre reconhecimento de confiança e adoção de instrumentos de prestação de contas e balanços se encontra na experiência comum: quanto mais cresce a transparência da gestão, tanto mais aumentam a possibilidade e a disponibilidade de recursos, sejam públicos, sejam privados.

O arquivo

44. O Código de Direito Canônico, nos cânones 1283-1284, solicita uma conservação ordenada do arquivo e prescreve, para os fins de uma eficiente organização administrativa e contábil, a redação e a constante atualização do

---

[11] PONTIFÍCIO CONSELHO JUSTIÇA E PAZ. *Nota da Santa Sé sobre finanças e desenvolvimento na vigília da conferência promovida pela Assembleia Geral da Organização das Nações Unidas em Doha* (18 de novembro de 2008), n. 3c.
[12] CIC, cân. 600.

inventário dos bens e dos valores recebidos, com a entrega de uma atenta catalogação e conservação dos documentos, especialmente das escrituras contábeis e das garantias contra riscos. Os arquivos, se bem geridos, são um instrumento útil de verificação das iniciativas empreendidas em curto, médio e longo prazos, para as quais é preciso fixar os critérios de aquisição dos atos, ordená-los organicamente, distingui-los tipologicamente. É necessário reafirmar a cada administrador dos bens eclesiásticos as responsabilidades em relação à guarda da documentação, conforme as disposições canônicas.

Os bens são objeto de inventário também depois da aquisição, construção, doação ou de outro ato ou negócio que produza variação ou saída no patrimônio dos bens. Devem ser conservados especialmente todos os documentos comprovantes da titularidade jurídica dos imóveis e dos móveis. O material documentário próprio de um economato permite conhecer os procedimentos administrativos de um Instituto; prever uma adequada programação, tendo em conta os recursos; provar os direitos, em caso de controvérsias; operar na transparência administrativa; conservar a memória histórica e estudar o modo com o qual o carisma se realizou ao longo do tempo. A este respeito, no âmbito dos arquivos eclesiásticos, às vezes se deve ainda adquirir, onde for possível, uma côngrua mentalidade administrativa conforme as tecnologias modernas. Utilizando-se das anteriormente indicadas tecnologias, é, além disso, oportuno conservar em outro lugar protegido a cópia de documentos de relevante valor, com o fim de não perder toda a documentação em caso de sinistro.[13]

Os quatro princípios da *Evangelii Gaudium*

45. À luz dos critérios que o Papa Francisco ofereceu a toda a Igreja na Exortação Apostólica *Evangelii Gaudium,* podem-se identificar algumas conotações inerentes a uma gestão inspirada nos carismas dos Institutos de vida consagrada e das Sociedades de vida apostólica, e que "orientam especificamente o desenvolvimento da convivência social e a construção de um povo em que as diferenças se harmonizam dentro de um projeto comum".[14]

46. *O tempo é superior ao espaço.*[15] "Iniciar processos"[16] recorda frequentemente o Santo Padre. A vida consagrada é chamada a iniciar processos, é chamada a um novo projeto. "Durante muitos anos tivemos a tentação de crer, e muitos cresceram com a ideia de que as famílias religiosas tivessem que ocupar espaços em vez de iniciar processos, e esta é uma tentação. Nós devemos iniciar processos em vez de ocupar espaços."[17] Uma primeira característica de todas as expressões que nascem dos carismas é que elas

---

[13] PONTIFÍCIA COMISSÃO PARA OS BENS CULTURAIS DA IGREJA. *A função pastoral dos arquivos eclesiásticos*. Cidade do Vaticano (2 de fevereiro de 1997).

[14] EG, n. 221.

[15] Ibidem, n. 222-225.

[16] FRANCISCO. *Discurso aos sacerdotes e aos consagrados por ocasião da visita pastoral a Milão*, Milão (25 de março de 2017).

[17] Idem.

partem de um movente não primariamente econômico, que não pretende simplesmente ocupar espaços de poder, mas nasce como expressão de um ideal, de um olhar para além, capaz de compreender as necessidades dos homens e das mulheres, especialmente os mais frágeis e pequenos, e de concretizá-las via uma mentalidade projetual. Se os carismas que irrompem na história representam um processo de mudança espiritual, humano, econômico e civil, observe-se que tal processo acontece através das realidades de que todo carisma emana, e com tempos longos.

Trata-se de privilegiar e acompanhar com paciência o início de processos, de exercer o olhar para além, com visões de futuro, para prescindir dos resultados imediatos, aos quais também o sentido de responsabilidade e as melhores das intenções poderiam levar. "O espaço" – sublinha a Carta Encíclica *Lumen Fidei* – "cristaliza os processos, ao passo que o tempo projeta para o futuro e impele a caminhar na esperança."[18]

47. *A realidade é mais importante do que a ideia.*[19] "Hoje a realidade" – repito – "nos interpela, hoje a realidade nos convida a ser de novo um pouco de fermento, um pouco de sal. (...) Uma minoria abençoada, que está convidada novamente a fermentar, a fermentar em sintonia com quanto

---

[18] FRANCISCO. Carta Encíclica *Lumen Fidei* (LF). Documentos Pontifícios 16. Brasília: Edições CNBB, 2013, n. 57.
[19] EG, n. 231-233.

o Espírito Santo inspirou no coração dos vossos fundadores e no coração de vós mesmas. Eis o que é necessário hoje."[20]

O Papa Francisco reafirma com força e eficácia a prevalência da realidade. A ideia é fruto de uma elaboração que pode sempre se arriscar a cair no sofisma, destacando-se do real. Às vezes, também nos nossos Institutos arriscamos formular propostas lógicas e claras, documentos até cativantes, mas que se distanciam da nossa realidade e das pessoas às quais são enviados. Às vezes, de fato, no deixamos deslumbrar pela novidade das iniciativas, dos recipientes e esquecemos que a mudança mais importante depende de nós e da nossa vontade e capacidade de realizá-la. A lógica da encarnação (1Jo 4,2) é o critério-guia deste princípio.

As obras dos nossos Institutos nascem da escuta de Deus para responder a necessidades de pessoas concretas; não nascem de desenhos abstratos feitos à mesa, mas como resposta concreta a necessidades de pessoas reais, das quais conhecemos a vida, a história, as dificuldades. Especialmente quando se releem as origens históricas dos Institutos de vida consagrada e das Sociedades de vida apostólica, colhe-se como incindível o nexo entre a inspiração do carisma e a acolhida dos últimos, dos pobres e dos excluídos.

A vida consagrada é chamada a responder ainda hoje às questões que a história põe. E muitas vezes isto acontece com experiências simples: escutamos a vida, da qual nascem as instituições, e que têm sempre um carisma de

---

[20] FRANCISCO. *Discurso aos sacerdotes e aos consagrados por ocasião da visita pastoral a Milão*, Milão (25 de março de 2017).

verdade, para depois iniciar os nossos projetos. É sempre a vida que vem primeiro, é a vida que é "escutada e respeitada", com a nota da humildade.

48. *O todo é superior à parte.*[21] Somos chamados a alargar o olhar para reconhecer sempre o bem maior. A vida consagrada não pode fechar-se em si mesma, não deve deixar-se atormentar por questões limitadas e particulares; deve reconhecer o bem maior que trará benefício a todos.

Este princípio é compreendido segundo a imagem do poliedro que compõe as diferenças. Estas pedem para ser sustentadas por uma cultura do diálogo como percurso incessante de busca do interesse geral: somos convidados a rastrear ligações e relações para articular aquilo que não é homogêneo em diversos níveis (do local ao global) e nos diversos âmbitos (do material ao espiritual). Isto comporta aprender a trabalhar em conjunto, entre comunidade, entre Institutos e Congregações, com os leigos, com todos aqueles que buscam o bem.

A vida consagrada pode ajudar as Igrejas locais a abrir-se ao dinamismo da universalidade e, ao mesmo tempo, a abrir-se ao sopro da Igreja local em que vive e desenvolve o próprio apostolado, evitando cair na tentação de que "a parte (a pequena parte ou visão do mundo) possa ser superior ao todo eclesial".[22]

---

[21] EG, n. 234-237.
[22] FRANCISCO. *Discurso aos sacerdotes e aos consagrados por ocasião da visita pastoral a Milão*, Milão (25 de março de 2017).

49. *A unidade prevalece sobre o conflito.*[23] Somos chamados a aceitar os conflitos, a carregá-los sem lavar-nos as mãos, sem permanecer presos neles, para transformá-los em novos processos que prevejam a comunhão, ainda que nas diferenças, que são acolhidas como tais. "A comunhão consiste também em enfrentar juntos e unidos as questões mais importantes, como a vida, a família, a paz, a luta contra a pobreza em todas as suas formas, a liberdade religiosa e educativa. Em particular, os movimentos e as comunidades estão chamados a colaborar, a fim de contribuir para curar as feridas causadas por uma mentalidade globalizada que põe no centro o consumo, esquecendo Deus e os valores essenciais da existência."[24]

A solidariedade, entendida em seu significado mais profundo e de desafio, se torna, assim, um estilo de construção da história, um âmbito vital onde os conflitos, as tensões e os opostos podem alcançar uma pluriforme unidade que gera nova vida. Não significa apontar para o sincretismo, nem para a absorção de um no outro, mas para a resolução sobre um plano superior que conserva em si as preciosas potencialidades das polaridades em contraste.

---

[23] EG, n. 223-230.
[24] FRANCISCO. *Discurso aos participantes do III Congresso Mundial dos Movimentos Eclesiais e das Novas Comunidades*, Roma (22 de novembro de 2014).

IV. INDICAÇÕES PRÁTICAS

50. Na administração dos bens e na gestão das obras, o discernimento "visa à direção, às finalidades, ao significado e às implicações sociais e eclesiais das escolhas financeiras dos Institutos de vida consagrada".[1] Desta prospectiva, foram identificados os horizontes de leitura da realidade e alguns critérios fundamentais para essa ação de discernimento.

Os grandes horizontes nos quais se inserem as atividades econômicas são: uma economia que tenha em mente o homem, todo o homem e de modo especial os pobres: a leitura da economia qual instrumento de ação missionária da Igreja; e – enfim – uma economia evangélica de partilha e comunhão.

Estes horizontes se concretizam em alguns critérios fundamentais.

51. *A fidelidade a Deus e ao Evangelho.* Toda vida consagrada põe o seu primado em Deus, na *sequela Christi.* Todo consagrado e consagrada deve em primeiro lugar fixar-se nele, contemplá-lo, aprender dele, imitá-lo, seguir a ele, casto, pobre e obediente, para fazer-se fiel anunciador

---

[1] FRANCISCO. *Mensagem aos participantes no Segundo Simpósio Internacional sobre o tema: "Na fidelidade ao carisma repensar a economia dos Institutos de vida consagrada e das Sociedades de vida apostólica"*, Roma (25 de novembro de 2016).

da Boa-Nova. Para isso, é indispensável "o dom da escuta: escuta de Deus, até ouvir com ele o grito do povo; escuta do povo, até respirar nele a vontade a que Deus nos chama".[2]

A fidelidade ao carisma. Todo carisma "é sempre uma realidade viva" chamada a "desenvolver-se na fidelidade criativa".[3] A fidelidade ao carisma é, portanto, a coerência das escolhas operacionais, em um determinado contexto, com as características identitárias do Instituto.

A pobreza. Uma "austeridade responsável",[4] uma "sadia humildade e uma feliz sobriedade"[5] favorecem o afastamento de uma concepção proprietária dos bens, e geram uma especial disponibilidade para escutar "o grito dos pobres, dos pobres de sempre e dos novos pobres".[6]

O respeito da natureza eclesiástica dos bens. Os bens dos Institutos de vida consagrada e das Sociedades de vida apostólica[7] são destinados à realização dos fins próprios da Igreja.[8] No uso deles, os Institutos são, portanto, chamados a salvaguardar a natureza deles e a observar a respectiva disciplina canônica.

---

[2] FRANCISCO. *Discurso por ocasião da vigília de oração em preparação ao sínodo sobre a família* (4 de outubro de 2014).

[3] FRANCISCO. *Mensagem aos participantes no Segundo Simpósio Internacional sobre o tema: "Na fidelidade ao carisma repensar a economia dos Institutos de vida consagrada e das Sociedades de vida apostólica"*, Roma (25 de novembro de 2016).

[4] Idem.

[5] Idem.

[6] Idem.

[7] CIC, cân. 634, § 1.

[8] Ibidem, cân. 1254.

A sustentabilidade das obras. As obras dos Institutos não são estranhas ao contexto social e econômico da inserção. Uma obra é, portanto, sustentável quando mantém um justo equilíbrio econômico e valoriza de modo adequado os recursos disponíveis.

A necessidade de prestar contas. O prestar contas é uma atitude para partilhar as escolhas, os atos e os resultados. A legítima autonomia dos Institutos se acompanha, portanto, da responsabilidade nas escolhas de gestões e nas modalidades da sua atuação, prestando contas segundo o estabelecido no direito universal e próprio.

52. Nas situações concretas, os critérios para o discernimento se declinam com as especificidades e as *sãs tradições* de cada Instituto, bem como com as peculiaridades do respectivo *contexto jurídico e social*.

As dimensões e as estruturas organizativas, a natureza das atividades desenvolvidas, o âmbito territorial de operação, as disciplinas legislativas aplicáveis e os modelos de relação entre Estado e Igreja são elementos que distinguem, às vezes de modo significativo, cada um dos Institutos de vida consagrada e as Sociedades de vida apostólica. De tais diferenças é preciso, portanto, considerar, não para derrogar aos critérios fundamentais, mas para consentir que tais critérios tomem forma histórica nas diversas situações.

53. Com referência específica à gestão dos bens, especial relevância assumem as estruturas organizativas de cada Instituto de vida consagrada e das Sociedades de vida apostólica. Se, de fato, os bens funcionais à vida das comunidades são ordinariamente possuídos pelos Institutos, com referência às obras existem modelos assaz diversos, muitas vezes justificados pelas diferentes modalidades de relação entre Estado e Igreja, pelas peculiaridades dos setores de operação, pelas dimensões da atividade. Assim, enquanto em alguns casos as obras são de propriedade dos Institutos de vida consagrada ou das Sociedades de vida apostólica, em outras hipóteses estes agem utilizando distintos entes jurídicos, muitas vezes organizados em forma de fundação ou de sociedade.

54. Nem pode jamais ser desconsiderada a aplicação das *leis civis* em relação a cada um dos Institutos de vida consagrada e das Sociedades de vida apostólica e as suas Províncias ou partes do Instituto a eles equiparadas.[9] O reenvio operado pelo Código de Direito Canônico às leis civis que regulam os contratos[10] e, não por último, o recurso a instrumentos dos pactos entre Estado e Igreja reforçam a observância das leis civis com os mesmos efeitos no direito canônico.[11]

A necessidade de salvaguardar os critérios fundamentais e a exigência de considerar as especificidades singulares sugerem indicações operativas em parte comum e em parte articuladas, de modo a respeitar as características particulares dos contextos e dos destinatários.

---

[9] Ibidem, cân. 620.
[10] Ibidem, cân. 1290.
[11] Ibidem, cân. 22.

O governo da economia

55. Direito universal e direito próprio

Os bens temporais dos Institutos de vida consagrada e das Sociedades de vida apostólica, enquanto bens eclesiásticos, são dirigidos pelas disposições do Livro V *Dos bens temporais da Igreja*, ao menos que não seja expressamente disposto de modo diverso.[12]

A administração dos bens temporais, além do Livro V do Código de Direito Canônico, é dirigida pelos cânones 634-640, para os Institutos religiosos, pelo cânone 718, para os Institutos seculares, pelo cânone 741, para as Sociedades de vida apostólica.

Cada Instituto de vida consagrada e Sociedade de vida apostólica estabeleça normas aptas acerca do uso e da administração dos bens.[13]

56. Romano Pontífice

"O Romano Pontífice, em virtude do primado de regime, é o supremo administrador e dispensador de todos os bens eclesiásticos"[14] e exerce sobre eles a autoridade de jurisdição que lhe é própria, qual suprema autoridade da Igreja. Tal poder de intervenção encontra o próprio fundamento não na propriedade dos bens eclesiásticos, mas na

---

[12] Ibidem, cân. 635, § 1.
[13] Ibidem, cân. 635.
[14] Ibidem, cân. 1273.

função do Sumo Pontífice de prover ao governo supremo da Igreja.[15]

57. Congregação para os Institutos de Vida Consagrada e as Sociedades de Vida Apostólica

A Congregação para os Institutos de Vida Consagrada e as Sociedades de Vida Apostólica "assume todas aquelas funções que, por norma do direito, competem à Santa Sé, acerca da vida e atividade dos Institutos e das Sociedades, especialmente a respeito da aprovação das constituições, do governo e apostolado, da escolha e formação dos membros, dos seus direitos e das suas obrigações, da dispensa dos votos e da demissão dos membros, bem como da administração dos bens".[16]

Para a alienações e os atos pelos quais a pessoa jurídica pública pudesse sofrer detrimento, requer-se licença da Santa Sé. A Congregação para os Institutos de Vida Consagrada e as Sociedades de Vida Apostólica, nos casos previstos pelo direito,[17] concede a licença sem, todavia, assumir as eventuais responsabilidades econômicas. A licença garante que o negócio "*é congruente com as finalidades do patrimônio eclesiástico. A responsabilidade derivada da sua intervenção se refere exclusivamente ao reto exercício da potestade da Igreja. A licença, portanto, da qual se trata agora, não é um ato de domínio patrimonial, mas de potestade admi-*

---

[15] PONTIFÍCIO CONSELHO DOS TEXTOS LEGISLATIVOS. Nota: *A função da autoridade eclesiástica sobre os bens eclesiásticos* (12 de fevereiro de 2004). In: *Communicationes* 36 (2004), p. 24-32.

[16] JOÃO PAULO II. Constituição Apostólica *Pastor Bonus* (PB), n. 108, § 1.

[17] CIC, cân. 638, § 3.

nistrativa, com o objetivo de garantir a boa utilização dos bens das pessoas jurídicas públicas na Igreja".[18]

É práxis do Dicastério receber para cada uma das regiões a soma máxima fixada pelas Conferências Episcopais.

58. Capítulo geral

Na vida consagrada, o governo da economia é conforme ao carisma, à missão e ao conselho evangélico da pobreza. As decisões de gestão para garantir tais dimensões devem assegurar formas adequadas de comunhão, evitando delegar as escolhas econômicas somente a um grupo ou a uma única pessoa.

Compete ao *Capítulo geral*, que "detém, de acordo com as constituições, a autoridade suprema do instituto",[19] estabelecer as direções fundamentais em matéria econômico-administrativa e elaborar um *plano caritativo* do Instituto que ofereça indicações também em tal âmbito.

O *plano carismático*, concebido no interior de um itinerário de comunhão eclesial que discerne a vontade de Deus, seja fruto de uma visão partilhada, expressão de um caminho sinodal, a partir da fase pré-capitular até o seu cumprimento com a verificação da recepção dos conteúdos capitulares.

---

[18] PONTIFÍCIO CONSELHO DOS TEXTOS LEGISLATIVOS. Nota: *A função da autoridade eclesiástica sobre os bens eclesiásticos* (12 de fevereiro de 2004). In: *Communicationes* 36 (2004), p. 24-32.

[19] CIC, cân. 631, § 1.

A decisões operativas acerca dos bens e das obras serão assumidas pelo superior-geral com o seu conselho, dentro de um quadro de referência partilhado e, razoavelmente, fora de uma lógica emergencial.

O Capítulo geral predisponha e aprove um *diretório econômico* ou outro texto análogo, que, também à luz da experiência amadurecida no tempo, facilite uma ação quanto mais possível conforme ao carisma do Instituto, à sua missão e ao conselho de pobreza.

O Capítulo geral estabeleça a soma máxima para os atos administrativos de administração extraordinária de cada uma das províncias.

O direito próprio do Instituto identifique os atos de administração extraordinária e os procedimentos necessários para a sua execução.[20]

59. Superior e conselho

Em matéria econômico-administrativa, o superior utilize-se do próprio conselho, em conformidade com o direito universal e próprio,[21] no âmbito dos direcionamentos fundamentais estabelecidos pelo Capítulo geral, com especial referência aos atos de administração extraordinária.

---

[20] Ibidem, cân. 638, § 1; cân. 1281.
[21] Ibidem, cân. 627; cân. 638, § 1.

60. Capítulo provincial e superior provincial

O Capítulo provincial, onde celebrado, à luz do *plano carismático* do Instituto aprovado pelo Capítulo geral, redija o plano referente à circunscrição.

Segundo as normas estabelecidas pelo direito universal e próprio, o superior provincial, com o consenso do seu conselho, submeta os atos que necessitam da aprovação ao superior-geral com o seu conselho.

Comunique imediatamente e com máxima diligência o insurgir de criticidade ao superior-geral, que deve ser informado em virtude da autoridade sobre todo o Instituto de acordo com norma do cânone 622.

61. Consulta para os negócios econômicos

O direito próprio, em conformidade à norma do cânone 1280, para o Instituto e para as Províncias preveja uma consulta, ou denominação análoga, para os negócios econômicos.

A composição de dito organismo pode ser aberta à colaboração de leigos e leigas com profissionalidade específica. O superior competente para autorizar os atos de administração extraordinária, além do consenso do seu conselho,[22] adquira também o parecer[23] da consulta para os negócios econômicos.

---

[22] Ibidem, cân. 627, § 1.
[23] Ibidem, cân. 127, § 2, 2º,

62. Regulamento administrativo

O superior competente, com o seu Conselho, pode adotar, se oportuno, um *regulamento administrativo* – especialmente nos Institutos que administram obras socialmente relevantes – que ofereça indicações operativas no quadro do plano *carismático* e do *direito econômico*.

O *regulamento administrativo* discipline, entre os vários aspectos, os conteúdos, as modalidades e os tempos sobre os quais os superiores competentes devem ser informados e as atividades das quais devem receber a prestação de contas; isto vale para as atividades internas do Instituto, bem como para as obras e os entes civis a eles coligados. Assegure-se, de fato, que quantos estão prepostos institucionalmente à atividade de controle informem periodicamente o superior competente acerca do êxito da sua atividade.

Para que possa manter sua efetiva incidência, o *regulamento administrativo* seja conhecido dentro do Instituto e seja objeto de revisão periódica, com um procedimento que se cuidará de definir no ato da sua doação.

63. Comissões

A possibilidade de instituir comissões ou grupos de trabalho sobre questões ou fatos específicos de natureza jurídico-econômica seja disciplinada no âmbito do direito próprio. Seja, além disso, definido o objetivo do mandato, a duração do encargo, a nomeação dos membros. Onde for oportuno, seja prevista a participação de leigos e leigas profissionalmente qualificados.

64. Ecônomo

Compete ao direito próprio a opção entre eleição e nomeação para a designação do ecônomo. Em ambos os casos, todavia, recorda-se a crescente importância de uma apropriada profissionalização, em conformidade com a identidade própria de cada um dos Institutos,[24] a predisposição à colaboração, as atitudes inerentes ao próprio papel[25] e a separação dos bens.

Em analogia com a normativa canônica acerca do mandato dos superiores,[26] o direito próprio preveja um limite à duração para o ofício dos ecônomos e uma adequada alternação, predispondo oportunos percursos formativos e tempos de treinamento.

Compete ao direito próprio estabelecer se o ecônomo possa ser também conselheiro. É oportuno que o ecônomo participe das reuniões do conselho do superior em matéria econômica e, embora privado do direito de voto, onde não seja conselheiro, assegure ao superior e ao seu conselho o conhecimento dos elementos necessários a uma ponderada decisão.

O ecônomo é membro *ex officio* da consulta para os assuntos econômicos, referidos no § 61 do presente documento.

---

[24] Ibidem, cân. 587, § 1.
[25] Ibidem, cân. 636, § 1.
[26] Ibidem, cân. 624, § 1-2

O direito próprio preveja a obrigação de prestar contas por parte do ecônomo,[27] segundo os procedimentos identificados e periodicamente avaliados pelo superior com o seu conselho.

São recomendadas *formas específicas de coordenação* entre o ecônomo geral, os ecônomos das províncias e os responsáveis das obras.

65. Representação legal

O Instituto, enquanto pessoa jurídica, interage com terceiros tramitando como representante legal,[28] seja em âmbito econômico, seja em âmbito civil.

Ele, agindo em nome e por conta do próprio Instituto, executa nele a vontade, expressa através do legítimos Superiores e os organismos competentes, a norma do direito universal e próprio, e vincula o Instituto na direção de terceiros. Por esta razão, se considerado oportuno, o representante legal, quando não é um conselheiro, pode participar das reuniões do conselho do superior nas quais se assumem decisões com relevância civil.

O representante legal age sempre e somente nos limites do mandato: pode cumprir os atos de administração ordinária; para os atos de administração extraordinária, tem necessidade da autorização do superior competente. Quando, em vez disso, age sem mandato, contra ou além dele, não representa mais o Instituto.

---

[27] Ibidem, cân. 636, § 2; cân. 1284, § 3.
[28] Ibidem, cân. 118.

Se o representante legal age invalidamente, o Instituto não tem nenhuma responsabilidade, e os atos assim postos pelo representante legal são a ele imputados e é ele que deve por eles responder. Se age ilicitamente, o ato é imputável ao Instituto, que deve responder por ele, mas pode retaliar sobre seu representante.[29]

Todo mandado singular do representante legal seja sempre conferido de forma escrita, seja preciso e completo em seu conteúdo; e dele seja disposto um ordenado registro.

Por razões de adequada distinção das competências, é preferível que o ofício do representante legal seja assumido por uma pessoa diversa do superior e do ecônomo, exceto se a legislação civil disponha diversamente.

As estruturas organizativas adotadas pelo Instituto, acerca do âmbito de competência do representante legal, sejam conhecidas também externamente, especialmente quando interagem com os ordenamentos civis. A identificação pontual dos sujeitos habilitados à decisão e à representação do Instituto constitui uma condição para a instauração de relações institucionais com terceiros.

66. Colaboração com profissionais externos

A crescente complexidade das situações econômico-administrativas torna muitas vezes indispensável o recurso à *colaboração de profissionais externos*. Na escolha se privilegiem pessoas conscientes das peculiaridades dos Ins-

---

[29] Ibidem, cân. 1281, § 3; cân. 639.

titutos e especialistas no âmbito específico de intervenção, evitando o recurso indiferenciado a um único profissional.

A relação profissional seja disciplinada de modo a estabelecer em via preliminar os objetivos da atividade e da apresentação de estimativas reguladas na base de contratos claros e com prazos.

Deve-se recomendar uma avaliação da consecução dos objetivos estabelecidos, mesmo mediante pedido aos próprios profissionais de relações periódicas sobre a atividade desenvolvida.

67. Controle interno

Através de normas do direito próprio, sejam estabelecidas formas de *controle interno*, que, mediante um equilibrado sistema de autorização preventiva, prestações de conta e exames sucessivos, consintam aos sujeitos competentes – e, especialmente, ao superior com o seu conselho – vigiar a atividade do ecônomo, do representante legal e dos profissionais encarregados.

Todos aqueles que a título legítimo têm parte na administração dos bens eclesiásticos, são obrigados a cumprir as suas tarefas em nome da Igreja, em conformidade à norma do direito.[30]

68. Delegações

Especial vigilância deve ser recomendada na atribuição das *delegações* de gestão. As delegações sejam determina-

---

[30] Ibidem, cân. 1282.

das no conteúdo, nos limites – mesmo temporais – e nas modalidades de exercício. Evitem-se as *procurações gerais*: atribuir a um determinado sujeito um poder ilimitado de agir em nome e por conta do Instituto expõe, na verdade, a um grave risco de comportamentos impróprios e resulta contraditório com as exigências da comunhão.

A administração e a gestão do patrimônio

69. Personalidade jurídica civil

Os Institutos de vida consagrada e as Sociedades de vida apostólica procurem, enquanto possível, conseguir a personalidade jurídica também civil nos países em que atuam.

Os bens não sejam intitulados a pessoas físicas, a menos que se trate de situações excepcionais, por causas graves, e com a licença do superior competente. O superior que concedeu a licença trabalhe a fim de que quanto antes seja transferida a propriedade ao Instituto, com ato jurídico civilmente válido.

Onde o Instituto deva intitular os bens a sujeitos diversos da pessoa física, o superior que concedeu a licença proveja a conservar adequada documentação que ateste a propriedade efetiva, com o fim de evitar a insurgência de *litis.*

70. Modos de aquisição

O trabalho dos membros – realizado dentro das obras próprias ou externamente, nos modos consentidos pelo direito próprio e com a licença do superior competente[31] – constitui forma ordinária de sustento. Em conformidade à norma do cânone 668, § 3, tudo aquilo que um religioso adquire com a própria capacidade e laboriosidade ou por motivo do Instituto, o adquire para o Instituto. O que lhe advém de qualquer modo por motivo de pensão, aposentadoria, subsídio ou seguro sob qualquer título, é adquirido para o Instituto, salvo determinação contrária do direito próprio. Salvo indicações contrárias, as ofertas feitas aos superiores ou aos administradores de qualquer pessoa jurídica eclesiástica, mesmo privada, se presumem feitas à própria pessoa jurídica.[32]

O Instituto tem o dever de prover aos membros quanto, de acordo com a norma das Constituições, lhes for necessário para realizar o fim da própria vocação.[33]

O direito próprio estabeleça os procedimentos para uma aceitação válida das doações: ponha-se atenção às características e qualidade do sujeito doador, às fontes às quais estas podem presumivelmente atingir, na presença de legítimos direitos de terceiros. Não se aceitem doações destinadas a financiar iniciativas que, nas finalidades ou nos meios para alcançá-las, não correspondam à doutrina da Igreja.

---

[31] Ibidem, cân. 671.
[32] Ibidem, cân. 1267, § 1.
[33] Ibidem, cân. 670.

Os Institutos, mesmo reconhecendo nelas um dom da Providência, não aceitem doações com ônus,[34] sem ter atentamente avaliado a liceidade do ônus, a capacidade de cumpri-lo, a presença de legítimos direitos de terceiros.

71. Partilha dos bens (cf. § 10)

O Instituto estabeleça normas de modo a repartir equitativamente os bens dentro do mesmo, no espírito da comunhão, a exemplo das primeiras comunidades cristãs (At 4,3-35). De tal modo, colocar-se-ão em comum – a serviço das finalidades apostólicas – não somente os bens materiais e o fruto do trabalho de cada um, mas também o tempo, os dotes, as capacidades pessoais, para prover com generosidade as necessidades das comunidades carentes, qual profecia de fraternidade no mundo atual.

72. Patrimônio estável (cf. § 38-40)

O direito próprio estabeleça se a atribuição dos bens do Instituto ao patrimônio estável compete ao Capítulo geral ou ao superior-geral com o consenso do seu conselho. Igualmente, no que se refere aos bens de uma Província ou de uma casa legitimamente erigida, o direito próprio estabeleça se a atribuição é tarefa do Capítulo provincial ou de outras assembleias semelhantes,[35] ou do superior provincial, com o consenso do seu conselho, e se deve ser confirmada pelo superior-geral.

---

[34] Ibidem, cân. 1300.
[35] Ibidem, cân. 632.

O patrimônio estável seja composto dos bens imóveis e móveis que garantam a subsistência ao Instituto, às Províncias, às casas legitimamente erigidas, bem como assegure a realização da missão.

A atribuição é requerida pelo direito canônico, a prescindir da qualificação que o patrimônio estável possa ter no ordenamento civil dos vários países.

Sejam definidos os critérios para a gestão do patrimônio estável. O balanço do Instituto, da Província e da casa legitimamente erigida preveja uma específica representação, seja na componente patrimonial, seja na econômica; em uma especial seção da relação de acompanhamento, sejam analiticamente ilustradas as variações ocorridas, os resultados alcançados e sua destinação.

73. Aquisição de imóveis

Os Institutos avaliem com grande atenção a oportunidade de adquirir imóveis, considerando cada aspecto conexo à decisão que será assumida.

A aquisição se cumpra e se regularize exclusivamente com modalidades conformes às locais disposições civis e fiscais, em coerência com o *plano carismático*.

O processo de decisão considere: a aprovação de um plano específico de investimento que precise os principais fatores e quais as finalidades da aquisição; a dimensão e a função em relação ao fim; a conformidade técnico-urbanística; a identificação e o planejamento das modalidades de reembolso de eventuais empréstimos contratados para tal finalidade; a atenta avaliação das qualidades do vendedor.

74. Novas construções

O projeto e a edificação de novas estruturas sejam iniciados onde for necessário, observando quanto anteriormente recordado para as aquisições, tendo especial cuidado na fase de análise e na formulação de indicações precisas aos projetistas.

Tudo que se vai realizando tenha características de sobriedade e funcionalidade: seja de fácil gestão; preveja um nível de manutenção mínimo, na componente estrutural e na das instalações; seja, em momentos de dificuldades administrativas e vocacionais, facilmente transferíveis a terceiros ou reconvertidos para usos diversos.

Vigilante cuidado seja posto na definição e no sucessivo controle de adequados procedimentos para a concessão de encargos e aquisições, bem como na conformidade de quanto projetado e realizado às disposições legislativas locais.

75. Autorizações da Santa Sé para eventual recurso ao crédito

Para a aquisição de novos bens, a construção e a restruturação de imóveis, o direito próprio estabeleça o procedimento para a validade dos atos.

A aquisição, as novas construções e as reestruturações, mesmo sendo atos de administração extraordinária, qualquer que seja o valor, não requerem, em conformidade à norma do cânone 638, § 3, a licença da Congregação para os Institutos de Vida Consagrada e as Sociedades de Vida Apostólica.

É requerida a licença onde o Instituto de vida consagrada ou a Sociedade de vida apostólica devesse recorrer ao crédito para financiar a operação, quando este supere a soma máxima prevista para cada uma das regiões. A documentação a ser apresentada para instruir o procedimento é a mesma referida no § 88.

76. Locação de imóveis

Em caso de locação a terceiros de bens de propriedade e, em geral, em todos os contratos a título oneroso que colocam o bem à disposição de terceiros, se verifique com atenção a qualidade de condutor; acerte-se que as finalidades de utilização do bem não sejam diferentes da missão do Instituto ou contrárias à especificidade dos bens temporais da Igreja e não modificáveis no tempo, salvo expressa autorização da propriedade; acerte-se que o imóvel seja compatível com o uso hipotético.

Defina-se corretamente a relação, com atenção às modalidades de formalização do contrato e das suas cláusulas. Estas contemplem e disciplinem também as modalidades e as condições nas quais o bem deverá ser restituído no encerramento da relação. Avaliem-se as possíveis implicações que dela derivam, considerando que os bens não serão disponíveis ao Instituto para a duração da relação.

77. Disposição de bens a título gratuito

Para os contratos em que se dispõe do bem a título gratuito, vale em geral quanto dito para a locação. Preste-se atenção aos ônus e aos custos que permanecerão a cargo da propriedade e se considere a eventual exigência de intervenções de reestruturação ou de manutenção extraordinária.

78. Autorizações da Santa Sé para locações, comodatos e outros contratos semelhantes

Para estipular contratos de locação, de comodato, de concessão do direito de superfície, uso, habitação, constituição do direito de usufruto, se o bem objeto do negócio supera a soma máxima fixada para cada uma das regiões e o contrato tem uma duração de nove anos, é exigida a autorização da Congregação para os Institutos de Vida Consagrada e as Sociedades de Vida Apostólica.

A petição, encaminhada pelo superior-geral com o consenso do seu conselho, deve apresentar os motivos do pedido e anexar o rascunho do contrato.

79. Valorização do patrimônio imobiliário

Permanecendo as normas canônicas sobre as autorizações,[36] os Institutos de Vida Consagrada e as Sociedades de Vida Apostólica iniciam uma aprofundada reflexão sobre as modalidades para valorizar o patrimônio imobiliário. Tais modalidades sejam compatíveis com a natureza do bem eclesiástico, sobretudo quando permanece totalmente ou parcialmente inutilizado, de modo a evitar custos potencialmente não sustentáveis.

---

[36] Ibidem, cân. 638, § 3-4.

80. Alienação de imóveis

A alienação de imóveis se cumpra em coerência com o *plano carismático* do Instituto (cf. § 58). O direito próprio estabeleça o procedimento para pôr validamente os atos de venda, de permuta e de doação de bens imóveis no tocante à legislação canônica e civil. Favoreça-se o recurso a procedimentos que privilegiam, onde for possível, a coleta de mais ofertas.

Recomenda-se avaliar de forma prioritária, especialmente onde as condições do Instituto o permitam, a possibilidade de concessão a outros entes eclesiais, evitando, em cada caso, alienações que prejudiquem o bem comum da Igreja.

Antes de iniciar tratativas, seja requerida, a uma fonte independente e competente, o prévio conhecimento do valor de mercado do bem imóvel objeto do ato e seja atentamente verificada a plena e livre disponibilidade do bem, a presença de preempção, a existência da documentação comprovadora do título da sua aquisição, a conformidade do bem às disposições urbanísticas vigentes. Sejam considerados os efeitos fiscais.

Na seleção e escolha da contraparte, seja considerado o seu perfil de reputação e – em caso de pagamento em prestações – sejam adquiridas garantias adequadas, preferivelmente de fonte bancária ou de seguro.

Na concessão de encargos ou mandatos para vender, a ser realizado de forma escrita, se preste particular atenção a todas as cláusulas, não faltando, especialmente, precisar cada condição a que deve atender a operação e a entidade da provisão que será reconhecida ao intermediário. Onde for possível, evite-se a concessão de mandatos exclusivos.

Sejam rejeitadas as propostas que, pelas características do oferente, pelas modalidades previstas para a realização da operação, pelos meios de pagamento hipotéticos, não se apresentem coerentes com os valores próprios dos Institutos.

Em conformidade à norma do cânone 1298, salvo que não se trate de um negócio de ínfima importância, os bens eclesiásticos não devem ser vendidos ou locados aos próprios administradores ou aos seus parentes, até o quarto grau de consanguinidade ou de afinidade, sem uma licença especial dada por escrito pelo superior competente.

81. Autorização da Santa Sé para a venda ou a doação de imóveis

Se o valor do bem supera a soma máxima fixada para cada uma das regiões, em conformidade à norma do cânone 638, § 3, é necessário requerer a autorização da Congregação para os Institutos de Vida Consagrada e as Sociedades de Vida Apostólica.

Todas as alienações superiores à cifra máxima, em conformidade à norma do cânone 638, § 3, são sujeitas *ad validitatem* à autorização da Congregação para os Institutos de Vida Consagrada e as Sociedades de Vida Apostólica, independentemente do fato de que os bens sejam adscritos ou não ao patrimônio estável.

O pedido de autorização seja apresentado pelo superior-geral com o consenso do seu conselho; exprima a justa causa;[37] defina as modalidades nas quais serão empregados os rendimentos;[38] anexe uma documentação de um perito, possivelmente jurada[39] e, para os Institutos de direito pontifício, o parecer do Ordinário do lugar em que está localizado o imóvel; para os Institutos de direito diocesano e os mosteiros *sui iuris*, o consenso do Ordinário do lugar em que está localizado o imóvel.[40]

Se o objeto da alienação são bens divisíveis, para a validade da licença, no requerimento, sejam indicadas as partes eventualmente já alienadas.[41]

A licença é necessária também para a venda de mais objetos cujo valor global supere a soma máxima.[42]

Tais normas se aplicam para a venda de bens imóveis, para os contratos de permuta de bens, para as doações, mesmo se concluídos com outras pessoas jurídicas públicas, sempre que o seu valor supere a soma máxima.

A Congregação para os Institutos de Vida Consagrada e as Sociedades de Vida Apostólica não autoriza vendas com a finalidade de suprir necessidades financeiras ime-

---

[37] Ibidem, cân. 1293, § 1.
[38] Ibidem, cân. 1294, § 2.
[39] Ibidem, cân. 1293, § 1, 2º.
[40] Ibidem, cân. 615.
[41] Ibidem, cân. 1292, § 3.
[42] Ibidem, cân. 1292, § 2.

diatas, sem que sejam avaliadas preventivamente as causas que geram tais exigências.

Quando as alienações são indispensáveis para pagar débitos que o Instituto contraiu no desenvolvimento das próprias obras apostólicas, é necessário que na instrução do procedimento venha apresentado o plano de restauração econômico-financeira.

A Congregação para os Institutos de Vida Consagrada e as Sociedades de Vida Apostólica, em conformidade com a norma do cânone 1293, § 2, pode requerer a assunção de outras cautelas para evitar danos à Igreja.

Para a alienação de imóveis situados na cidade de Roma, antes de conceder a autorização, a Congregação para os Institutos de Vida Consagrada e as Sociedades de Vida Apostólica comunica o pedido à Secretaria de Estado e à Administração do Patrimônio da Sé Apostólica, para verificar seu eventual interesse.

Para a autorização da alienação de bens situados em Malta, aplicam-se as normas estabelecidas pelo *Statutum* de 6 de julho de 1988.

Para os bens imóveis situados no Oriente Médio, a competência cabe à Congregação para as Igrejas Orientais.

82. Autorização da Santa Sé para coisas preciosas de valor artístico ou histórico e doações votivas

Para a alienação de coisas preciosas por valor artístico ou histórico é requerida a licença, mesmo se o valor não superar a soma máxima. Onde tais bens fossem submetidos a exame, sigam-se os requisitos prescritos pela normativa civil da matéria.

Estão sujeitas à mesma disciplina as alienações de doações votivas feitas à Igreja. É absolutamente ilícito vender as relíquias sagradas.[43]

As coisas sagradas que pertencem a uma pessoa jurídica eclesiástica pública podem ser adquiridas somente por outra pessoa jurídica pública.[44]

83. Alienações sem a devida licença

Em conformidade à norma do cânone 1296, quando os bens eclesiásticos forem alienados em desrespeito às normas canônicas e a alienação resulte válida civilmente, o superior competente deverá estabelecer se se devam tentar oportunas ações para reivindicar os direitos da Igreja.

Em conformidade à norma do cânone 1377, é punido com justa pena quem aliena os bens eclesiásticos sem a devida licença.

84. Investimentos financeiros

No emprego e na gestão dos recursos financeiros não imediatamente necessários à atividade do Instituto (chamado *investimentos financeiros*), tenha-se consciência da complexidade técnica dos procedimentos de mercado e se sigam critérios adequados de prudência na seleção e na escolha dos produtos financeiros oferecidos. Verifique-se a

---

[43] Ibidem, cân. 1190, § 1.
[44] Ibidem, cân. 1269.

legalidade do procedimento e a eticidade do investimento, com especial atenção às finalidades institucionais do Instituto e às necessidades previdenciárias dos seus membros.

Pela complexidade técnica das relativas decisões, valem as indicações oferecidas anteriormente, relativas às escolhas econômicas e à busca dos profissionais.

85. Obras (cf. § 34)

Recomenda-se avaliar a possibilidade de que obras de relevante dimensão sejam distintas do Instituto de vida consagrada ou da Sociedade de vida apostólica, permanecendo quanto estabelecido pelo direito universal e próprio. As soluções sejam identificadas em base às circunstâncias específicas, assegurem a fidelidade da obra ao carisma do Instituto e a conformidade ao regime aplicável às relações entre Estado e Igreja.

Uma atenção especial seja reservada àquelas obras evangelicamente significativas, mas caracterizadas, pela mudança de contexto e das condições gerais, por um desequilíbrio econômico estrutural. Os Institutos avaliem soluções que impeçam que evoluções econômicas negativas comprometam o fim correspondente à missão da Igreja.[45]

Existem outras obras nas quais se evidencia um desequilíbrio econômico, frequentemente fisiológico. O Instituto promotor avalie com realismo o nível de compatibilidade com os recursos disponíveis e com aqueles que para isto se destina, tomando com celeridade as decisões necessárias.

---

[45] Ibidem, cân. 114, § 1.

Na existência de dificuldades econômicas ou administrativas, é oportuno verificar a possibilidade de estabelecer formas de colaboração com outros Institutos ou de transformar a própria obra de modo que esta continue, embora com outras modalidades, como obra da Igreja.

Razões de prudência sugerem tomar decisões sem dilações, de modo a evitar a consolidação de evoluções econômicas negativas ou, até mesmo, a inderrogável necessidade de proceder ao fechamento da obra.

No caso em que a gestão tenha se tornado excessivamente complexa ou onerosa, devem ser privilegiadas estruturas que consintam em manter a propriedade dos bens e o controle da obra principal do Instituto, mesmo confiando a terceiros a gestão operativa, segundo modalidades adequadamente capazes de respeitar o carisma e prosseguir a missão do Instituto.

86. Autorização da Santa Sé para a disposição de obras

Para as alienações de obras, quando o valor supere a soma máxima fixada para cada região, é necessário obter a licença da parte da Congregação para os Institutos de Vida Consagrada e as Sociedades de Vida Apostólica.

O procedimento seja instruído com as mesmas modalidades previstas para as alienações de imóveis (cf. § 81).

Para a disposição ou reorganização de obras sanitárias ou sociossanitárias presentes no território italiano, a Congregação para os Institutos de Vida Consagrada e as

Sociedades de Vida Apostólica transmite o pedido à *Pontifícia Comissão para as Atividades do Setor Sanitário das Pessoas Jurídicas Públicas da Igreja*, da qual receberá o eventual consenso.

87. Recurso ao crédito

O direito próprio estabeleça as modalidades para contrair validamente mútuos, débitos, hipotecas ou penhores.

Os superiores competentes, em conformidade com a norma do cânone 639, § 5, se abstenham de autorizar a contrair débitos, a menos que não conste com certeza que o interesse do débito poderá cumprir os rendimentos ordinários e que todo o capital se poderá restituir dentro de um tempo não muito longo, com uma legítima amortização.

O respeito substancial desta prescrição, sobretudo na presença de obras relevantes inseridas em âmbitos jurídicos não homogêneos, depende também da adoção e da ativação de adequadas estruturas organizativas, de eficazes procedimentos e instrumentos de revelação contábil, de incisivas modalidades de prestação de contas da administração, de órgãos adequados e instrumentos de controle.

Será tarefa do superior, com o seu conselho, avaliar se a proposta de recurso ao crédito, encaminhada à sua aprovação, é adequadamente instruída e se estão disponíveis todos os elementos necessários para uma decisão consciente. Ele deverá considerar a razão das previsões sobre as quais serão fundadas as prospectivas das entradas finalizadas ao seu replanejamento, também em relação ao montante do eventual débito preexistente.

Quando for necessário o lançamento de uma garantia de contrapartida para o financiamento, avalie-se com atenção a congruência e se considerem as modalidades técnicas do seu lançamento e as possíveis implicações. O processo de avaliação deverá ser particularmente severo quando a garantia seja pedida por conta de um sujeito juridicamente distinto, embora coligado ou participado.

O superior, com o seu conselho, exija o exame periódico da situação financeira global, tendo em conta a sua efetiva sustentabilidade, e onde o seu montante, a sua composição, a sua previsível evolução evidenciem uma situação crítica, avalie e assuma providências imediatas.

Sejam considerados, quando existentes, eventuais riscos relativos a possíveis oscilações de valor.

Em conformidade com a norma do cânone 639, § 1, a pessoa jurídica que contraiu débitos e ônus, mesmo com licença dos superiores, é obrigada a responder por conta própria. Se um religioso com licença do superior contraiu débitos e ônus sobre os próprios bens, deve responder pessoalmente; se, ao invés, por mandato do superior concluiu negócios do Instituto, é o Instituto que deve responder.[46] Se o religioso contrai débitos sem nenhuma licença do superior, será ele mesmo, e não a pessoa jurídica, que deverá responder.[47]

---

[46] Ibidem, cân. 639, § 2.
[47] Ibidem, cân. 639, § 3.

88. Autorização da Santa Sé para os financiamentos

Quando o valor da operação financeira supera a soma máxima fixada por cada região, para a validade do ato, é necessário a licença da Congregação para os Institutos de Vida Consagrada e as Sociedades de Vida Apostólica.

O superior-geral encaminhe o pedido depois de ter obtido o consenso do seu conselho, indicando os motivos, apresentando a situação da dívida global do Instituto e o plano de amortização.

Se o financiamento for ligado a situações de crise das obras da Congregação para os Institutos de Vida Consagrada e as Sociedades de Vida Apostólica, não se concede a autorização senão depois de se ter aprofundado as razões que geraram as dificuldades econômicas.

No caso de valores relevantes e na ausência de certificação do balanço, o Dicastério poderia não conceder autorizações para proceder o financiamento.

89. Entes civis coligados

As especificidades das relações entre Estado e Igreja em cada um dos países e as escolhas concretas de organização de cada Instituto comportam a frequente presença de *entes civis coligados à pessoa jurídica canônica*.

O direito próprio estabeleça as modalidades para constituir entes civis coligados ao Instituto e para transferir bens aos mesmos.

Embora se trate de sujeitos juridicamente distintos, a coligação de tais entes aos Institutos justifica uma especial atenção na sua constituição e na sua gestão. A atividade de tais entes, de fato, pode colocar em risco a boa fama do Instituto e dar lugar, se as leis civis aplicáveis o prevejam, a uma responsabilidade do Instituto por débitos do ente coligado.

Em respeito à normativa canônica, é preciso que o governo dos entes civis coligados seja exercido em conformidade com o carisma dos Institutos de vida consagrada e das Sociedades de vida apostólica. Para tal fim, as modalidades utilizáveis são múltiplas, por exemplo: a previsão nos estatutos dos entes civis coligados de finalidades análogas àquelas dos Institutos de vida consagrada e das Sociedades de vida apostólica; a atribuição, aos órgãos de governo dos Institutos e das Sociedades, do poder de nomear os responsáveis e de aprovar os atos de administração extraordinária dos entes civis coligados; a previsão de obrigações de prestação de contas aos Institutos na presença dos responsáveis dos entes civis coligados; a inserção nos estatutos de tais entes de uma cláusula que disponha, no caso da dissolução, sobre a devolução do patrimônio restante ao Instituto de vida consagrada ou à Sociedade de vida apostólica, a um outro ente civil coligado ou a um outro Instituto ou Sociedade com características semelhantes. Em nenhum caso o recurso a entes civis, de qualquer forma realizado, pode ser utilizado para evitar os controles canônicos.

90. Autorização da Santa Sé para a transferência de bens de entes civis

Quando o valor do bem a ser transferido ao ente civil, mesmo se coligado ao Instituto, supera a soma máxima estabelecida para cada região, é requerida a licença da Congregação para os Institutos de Vida Consagrada e as Sociedades de Vida Apostólica. Para instrução do procedimento, siga-se quanto dito para os imóveis, no § 81 do presente documento, e para as obras no § 86.

91. O dever de prestar contas (cf. § 41-43)

O dever geral de prestar contas, previsto pela normativa canônica,[48] favorece uma gestão ordenada e assegura a sustentabilidade dos Institutos de vida consagrada e das Sociedades de vida apostólica.

Todas as indicações em matéria de prestação de contas e balanços são chamadas a declinar-se segundo o princípio da *proporcionalidade*. Por isso, leva-se em consideração operativa, em primeiro lugar, o destinatário, com a sua natureza particular, as suas dimensões, a sua atividade específica, o ambiente histórico e social no qual se encontra atuando.

O dever de prestar contas, portanto, exige a necessária obrigação de *escrituras contábeis* proporcionadas às dimensões e às características organizativas de cada um dos Institutos, que, em todo caso, consintam em identificar, com o auxílio de sistemas informativos, os dados patrimoniais, econômicos e financeiros relativos às comunidades e às obras. Nesta prospectiva, o *balanço do exercício* representa um instrumento idôneo para desenvolver escolhas conscientes, de modo a incrementar a transparência na gestão

---

[48] Ibidem, cân. 638, § 2.

e, ao mesmo tempo, a credibilidade do Instituto no próprio contexto de referência.

Para os Institutos difundidos em mais países, é aconselhável a adoção de modalidades contábeis adequadas para consentir a comparação e, se for o caso, a agregação dos dados.

Para as obras, é necessária a obrigação de uma contabilidade separada e, no caso de obras de relevantes dimensões, é fortemente aconselhado submeter os balanços à *revisão contábil*. Na presença de obras com particular valor social, a redação de um *balanço social* pode contribuir para maior consciência dos resultados da própria atividade e transparência nas relações institucionais e na coleta de fundos.

Com referência às obras, resulta oportuno, também para o fim de uma utilização eficaz dos recursos disponíveis, recorrer a instrumentos adequados de definição dos objetivos de médio-longo período (chamado *planejamento estratégico*); de programação econômico-financeira (chamado *budget*) e de verificação *in itinere* do alcance dos objetivos previstos (chamado *controle de gestão*), identificando sujeitos competentes e procedimentos de atuação na medida proporcionada às dimensões e às especificidades da atividade.

92. A aplicação das leis civis

Em todo caso é necessário o respeito às leis civis. Especial referência seja reservada ao tratamento dos trabalhadores e das trabalhadoras em relação aos quais se observem cuidadosamente as leis relativas ao trabalho e à vida social, segundo os princípios da Doutrina Social da Igreja. Os trabalhadores dependentes sejam retribuídos com justiça e honestidade, de modo que sejam capazes de prover convenientemente às próprias necessidades e dos seus familiares.[49]

Tenha-se, além disso, atenção à tutela dos credores, aos ônus fiscais e previdenciários, e à prevenção de infrações.

93. Arquivo (cf. § 44)

Em conformidade à norma dos cânones 1283 e 1284, em cada Instituto exista um arquivo econômico-administrativo com a finalidade de uma eficiente organização administrativa e contábil. Sejam cuidadas diligentemente a redação e a constante atualização do inventário dos bens e dos valores recebido na entrega, assim como também uma atenta catalogação e conservação das escrituras contábeis e dos contratos de garantia contra os riscos.

As relações na Igreja

94. Relações com a Igreja local (cf. § 28-30)

Os superiores maiores tornem a Igreja local partícipe dos projetos do Instituto e também das dificuldades administrativas. De tal modo, antes do fechamento de uma comunidade ou de uma obra – para as quais se requer a prévia consulta ao bispo diocesano[50] –, avalie-se a possibilidade de soluções alternativas concretas.

---

[49] Ibidem, cân. 1286.
[50] Ibidem, cân. 612; cân. 678, § 3.

Os Institutos de direito pontifício, antes de encaminhar à Congregação para os Institutos de Vida Consagrada e as Sociedades de Vida Apostólica o pedido de autorização para a alienação de imóveis e a disposição de obras, peçam o parecer do Ordinário do lugar em que o imóvel está localizado.

Em conformidade à norma do cânone 638, § 4, os Institutos de direito diocesano e os mosteiros *sui iuris*[51] pedem, para os mesmos negócios, o consenso escrito do Ordinário do lugar.

Os mosteiros *sui iuris*, como referido no cânone 615, uma vez ao ano apresentem a prestação de contas da sua administração ao Ordinário do lugar. Este último tem o direito de ver a condução dos negócios econômicos de uma casa religiosa de direito diocesano.[52]

Numerosas consagradas se dedicam, também a tempo pleno, à pastoral diocesana ou a ofícios e tarefas a elas atinentes; esta *ministerialidade no feminino* se apresenta como uma experiência e competência próprias e também com reconhecido profissionalismo. Compete aos superiores maiores, em analogia a quanto disposto pelo cânone 681, § 2, proceder mediante acordos com as respectivas Igrejas locais e definir com exatidão quanto se refere ao serviço da vida consagrada e aos aspectos econômicos.

---

[51] Ibidem, cân. 615.
[52] Ibidem, cân. 637.

95. Colaboração entre Institutos (cf. § 31-33)

Com o fim de favorecer a colaboração entre Institutos, promovam-se reuniões periódicas entre os ecônomos gerais, sobretudo quando subsista uma afinidade de carisma e de obras: favoreçam-se momentos partilhados de formação e de estudo com docentes e especialistas dos âmbitos relacionados à operatividade dos Institutos; realizem-se formas de colaboração para a organização e a gestão dos necessários serviços administrativos e contábeis; desenvolvam-se formas concretas de solidariedade responsável também mediante a instituição de fundos em benefício dos Institutos em condições de maior dificuldade.

As Conferências dos Superiores maiores, além de favorecer a colaboração e o diálogo, ajudem a compreender as mudanças sociopolíticas e legislativas em curso para favorecer a assunção de decisões mais eficazes da parte de cada Instituto. Prevejam-se, onde possível, comissões formadas por consagrados, consagradas e leigos especialistas em matéria econômica, aos quais os Institutos possam dirigir-se para comparar as experiências recíprocas e – sobretudo quando de modestas distinções e recursos – pedir conselho, sustento, boas práticas e acompanhamento.

96. Relações com a Congregação para os Institutos de Vida Consagrada e as Sociedades de Vida Apostólica

Os momentos de aprofundamento propostos, os encontros no Dicastério, juntamente com a *Relação periódica sobre o estado e sobre a vida dos Institutos de vida con-*

sagrada e das Sociedades de vida apostólica,[53] são meios eficazes para a concretização da exigência de recíproco conhecimento, que brota da comunhão necessária dos Institutos de vida consagrada e das Sociedades de vida apostólica com a Santa Sé.

Na *Relação periódica* preste-se particular atenção às indicações pedidas por esta Congregação[54] com relação à condição econômica dos Institutos de vida consagrada e das Sociedades de vida apostólica e às suas previsíveis evoluções, de modo a poder dispor de uma adequada base de conhecimento também na prospectiva de uma interlocução diplomática com os estados.

É desejável uma mais amadurecida consideração da disciplina das licenças,[55] sobretudo no caso de alienação ou de outros atos que podem causar detrimento à situação patrimonial do Instituto e, especialmente, quando os atos se referem às necessidades previdenciárias e ao sustento dos membros do Instituto, ou quando estes se inserem em uma decisão estratégica sobre manutenção, sobre disposição das obras, ou em um procedimento de insolvência para a gestão das relações com os credores.

---

[53] Ibidem, cân. 592, § 1.
[54] CONGREGAÇÃO PARA OS INSTITUTOS DE VIDA CONSAGRADA E AS SOCIEDADES DE VIDA APOSTÓLICA. *Linhas orientadoras para composição da relação periódica sobre o estado e sobre a vida dos Institutos de vida consagrada e das Sociedades de vida apostólica* (cf. CIC, cân. 592, § 1), Anexo ao Prot., n. SpR 640/2008.
[55] CIC, cân. 638, § 3.

O pedido de licença se torna ocasião para um diálogo franco que, sem prejudicar a legítima autonomia dos Institutos, salvaguarde o respeito da natureza eclesiástica dos bens e a dinâmica de comunhão própria da Igreja.

Na existência de relevantes problemas econômicos, este Dicastério pode intervir diretamente na vida dos Institutos e das Sociedades através de Visitadores Apostólicos e Comissários Pontifícios. Estas ocasiões sejam acolhidas como sinal da solicitude da Santa Sé, à qual é confiada a tarefa de cuidado, promoção e vigilância dos Institutos.

97. Formação à dimensão econômica (cf. § 18-19)

É tarefa específica dos superiores iniciar ou potencializar os percursos formativos para a *dimensão econômica*, seja em uma ampla prospectiva com referência à Doutrina Social da Igreja, seja com atenções específicas a problemáticas econômico-administrativas.

Especial significado, em vista da formação para a dimensão econômica, revestem os balanços preventivos; estes não devem ser entendidos unicamente nos seus imprescindíveis aspectos técnicos, mas compreendidos quais meios para crescer na comunhão, na corresponsabilidade e na capacidade de planejar a vida e o desenvolvimento das obras e em coerência à missão e ao *plano carismático* geral e/ou provincial.

Em relação à legítima autonomia dos Institutos – sobretudo na presença de situações de complexidade administrativa –, é preciso buscar formas apropriadas de formação permanente, em conjunto com Universidades católicas ou outras instituições especializadas que conjuguem a competência técnica com a consciência das especificidades da vida consagrada.

Cuidado atento se dedique à *formação dos ecônomos* e dos outros membros do Instituto com encargos de responsabilidade em matéria econômica.

Os superiores adquiram os elementos necessários para avaliar as temáticas submetidas à sua atenção.

Não se descuide da *formação dos leigos* chamados a colaborar com os Institutos, para assegurar que a colaboração deles seja conforme ao carisma e integrando-se no serviço da missão. Ao lado de propostas dirigidas a salvaguardar e aperfeiçoar a necessária competência profissional, existe a possibilidade de que os leigos, envolvidos nas obras do Instituto, acedam a uma formação global, direcionada, orgânica e permanente.

CONCLUSÃO

98. As pessoas consagradas são chamadas a ser "bons administradores da multiforme graça de Deus" (1Pd 4,10), administradoras *prudentes e fiéis*, com a sua tarefa de cuidar diligentemente de quanto lhes foi confiado.

"Somos destinatários dos talentos de Deus, 'cada qual conforme a sua capacidade' (Mt 25,15). Antes de mais nada, reconheçamos isto: temos talentos, somos 'talentosos' aos olhos de Deus. Por isso, ninguém pode considerar-se inútil, ninguém pode dizer-se tão pobre que não possua algo para dar aos outros. Somos eleitos e abençoados por Deus, que deseja cumular-nos dos seus dons, mais do que um pai e uma mãe o desejam fazer aos seus filhos. E Deus, aos olhos de quem nenhum filho pode ser descartado, confia uma missão a cada um." [1]

O primado compete ao dom do chamado a ser "memória viva do modo de existir e de agir de Jesus como verbo encarnado diante do Pai e diante dos irmãos". [2]

O mundo tem sempre mais necessidade de pessoas que por graça de Deus se doam totalmente, "homens e mulheres

---

[1] FRANCISCO. *Homilia por ocasião da I Jornada Mundial dos Pobres*, Roma (19 de novembro de 2017).
[2] VC, n. 22.

capazes de aceitar a incógnita da pobreza, de ser atraídos pela simplicidade e pela humildade, amantes da paz, imunes de compromissos, decididos para a total abnegação, livres e ao mesmo tempo obedientes, espontâneos e constantes, doces e fortes na certeza da fé".[3]

Os consagrados e as consagradas, abraçando o conselho evangélico da pobreza, são memória viva do Cristo pobre para os pobres. Enquanto testemunham com a vida terem encontrado a pérola preciosa (Mt 13,45-46), escolhem partilhar a sorte dos pobres, porque "a pobreza evangélica, ainda antes de ser um serviço em favor dos pobres, é um valor em si mesma, enquanto faz lembrar a primeira das bem-aventuranças na imitação de Cristo pobre".[4]

99. Os pobres nos impulsionam a escolhas concretas, a assumir, também nos sinais exteriores, uma vida coerentemente simples e sóbria. Chamados a seguir a Cristo pobre, serão buscadas novas formas para exprimir a alegria do Evangelho, através de um mais claro testemunho de pobreza, tanto pessoal quanto comunitário. Ainda hoje o Senhor multiplica para nós os cinco pães e os dois peixes (Jo 6,9), a partir dos dons que tantos irmãos colocam nas nossas mãos para alimentar quantos estão na necessidade. Viver da Providência é saber acolher aquilo que Deus envia para a nossa vida e abrir as mãos para restituí-lo aos pobres.

---

[3] PAULO VI. Exortação Apostólica pós-Sinodal *Evangelica Testificatio* (ET), n. 31.
[4] VC, n. 90.

Os bens e as obras nos são confiados como dom de Deus providente, para a realização da missão. Sua gestão correta, para a qual foram oferecidas algumas indicações, consente viver o conselho evangélico de pobreza e de ser fiéis aos carismas doados aos fundadores e às fundadoras, a serviço da missão da Igreja.

O Magistério do Papa Francisco insiste frequentemente nas suas intervenções que se deveria falar menos de pobreza e mais de pobres. Os pobres, então, são o princípio que inclui todos e cada um, que marca os caminhos da missão; na tensão pelo Reino a Igreja realiza a si mesma e nela se tornou fecunda a vida consagrada.

"Não esqueçamos que, para os discípulos de Cristo, a pobreza é, antes de mais, uma *vocação a seguir Jesus pobre*. É um caminho atrás dele e com ele: um caminho que conduz à bem-aventurança do Reino dos céus (cf. Mt 5,3; Lc 6,20). Pobreza significa um coração humilde que sabe acolher a sua condição de criatura limitada e pecadora, vencendo a tentação de onipotência que cria em nós a ilusão de ser imortal. A pobreza é uma atitude do coração que impede de conceber como objetivo de vida e condição para a felicidade o dinheiro, a carreira e o luxo. Mais, é a pobreza que cria as condições para assumir livremente as responsabilidades pessoais e sociais, não obstante as próprias limitações, confiando na proximidade de Deus e vivendo apoiados pela sua graça. Assim entendida, a pobreza é o metro que permite avaliar o uso correto dos bens materiais e também viver de modo não egoísta nem possessivo os laços e os afetos."[5]

Aprovado pelo Santo Padre
na Audiência de 12 de dezembro de 2017
Cidade do Vaticano, 6 de janeiro de 2018
Solenidade da Epifania do Senhor

João Braz Card. de Aviz
Prefeito

† José Rodriguez Carballo, OFM
Arcebispo-secretário

---

[5] FRANCISCO. *Mensagem para a I Jornada Mundial dos Pobres*, Roma (13 de junho de 2017), n. 4.

Impresso na gráfica da
Pia Sociedade Filhas de São Paulo
Via Raposo Tavares, km 19,145
05577-300 - São Paulo, SP - Brasil - 2019